EXTRAIT DES COMPTES RENDUS

DU COMITÉ CENTRAL
D'HYGIÈNE PUBLIQUE
ET DE SALUBRITÉ
DES PYRÉNÉES-ORIENTALES

———•✕✕•———

ENQUÊTE

SUR LE VŒU ÉMIS LE 12 NOVEMBRE 1888

POUR RENDRE LA VACCINATION OBLIGATOIRE

———•✕✕•———

RAPPORT

De M. le Docteur Joseph MASSOT

Rapporteur de la Commission,
Secrétaire du Conseil.

33.
1891

—•❦•—

PERPIGNAN
IMPRIMERIE DE L' « INDÉPENDANT », RUE D'ESPIRA, 3
—
1891

COMITÉ CENTRAL
D'HYGIÈNE PUBLIQUE
ET DE SALUBRITÉ
DES PYRÉNÉES-ORIENTALES

——— ✳ ———

ENQUÊTE
SUR LE VŒU ÉMIS LE 12 NOVEMBRE 1888

POUR RENDRE LA VACCINATION OBLIGATOIRE

——— ✳ ———

RAPPORT
De M. le Docteur Joseph MASSOT
Rapporteur de la Commission,
Secrétaire du Conseil.

——— ✦ ———

PERPIGNAN
IMPRIMERIE DE L' « INDÉPENDANT », RUE D'ESPIRA, 3
—
1891

RAPPORT

De M. le Docteur Joseph MASSOT

Rapporteur de la Commission, Secrétaire du Conseil (1).

Messieurs,

Le jour semble venu de vous faire connaître les résultats de l'enquête que vous aviez décidé de faire, auprès de tous les conseils centraux d'hygiène de France, au sujet du vœu que vous aviez adopté le 12 novembre 1888.

Ce vœu, dont je vous demande la permission de vous rappeler le texte, est ainsi conçu :

« Le conseil central d'hygiène et de salubrité publi-
« que des Pyrénées-Orientales, ému de la persistance
« de la variole et de la mortalité qu'elle occasionne;
« appréciant, d'autre part, le bénéfice certain de la
« vaccine, émet le vœu que les pouvoirs publics votent
« une loi pour rendre la vaccination obligatoire dans
« les trois premiers mois qui suivent la naissance. »

Conformément à la décision que vous aviez prise sur ma proposition, il fut transmis, par les soins de l'administration, à tous nos collègues, les membres des conseils centraux d'hygiène, par une lettre circulaire de M. le préfet, notre président, en date du 11 décembre 1888, pour qu'ils voulussent bien nous faire savoir s'ils partageaient notre avis.

(1) Le Conseil central d'hygiène des Pyrénées-Orientales s'est plusieurs fois déjà occupé de la prophylaxie de la variole. Nous croyons utile de rappeler ici que, dans sa séance du 3 juillet 1888, il adopta des instructions, rédigées à ce sujet, dans lesquelles il recommande l'isolement des malades, la destruction des produits de la maladie et surtout, comme mesure plus pratique, la vaccination et la revaccination.

Un an après vous avez bien voulu m'autoriser à en rappeler le texte à ceux de nos collègues qui ne nous avaient pas encore fait connaître leur opinion.

Tous les conseils centraux d'hygiène, je dois le constater, non sans de très vifs regrets, n'ont pas répondu à notre appel.

Mais nous possédons aujourd'hui les réponses de 62 d'entre eux. Ce sont ceux dont les noms suivent :

(Pour la correction de la statistique, j'y joins celui des Pyrénées-Orientales ce qui porte à 63 le nombre des opinions exprimées.) (1)

Ain.	Doubs.
Aisne.	Finistère.
Allier.	Gard.
Alger.	Garonne (Haute-).
Alpes (Hautes-).	Gers.
Alpes-Maritimes.	Gironde.
Ardennes.	Hérault.
Ariège.	Indre.
Aube.	Indre-et-Loire.
Aude.	Isère.
Aveyron.	Jura.
Bouches-du-Rhône.	Loir-et-Cher.
Charente.	Loire.
Charente-Inférieure.	Loire-Inférieure.
Cher.	Loiret.
Constantine.	Lot.
Corse.	Lozère.
Côte-d'Or.	Manche.
Deux-Sèvres.	Marne.
Dordogne.	Marne (Haute-).

(1) Nous avons également reçu l'avis (favorable) des conseils d'hygiène des arrondissements de Briançon et d'Embrun (Hautes-Alpes); comme il a été décidé de ne consulter que les conseils centraux nous ne pouvons ici tenir compte de leur opinion.

Meurthe-et-Moselle.
Meuse.
Morbihan.
Nièvre.
Nord.
Oise.
Oran.
Pas-de-Calais.
Pyrénées (Hautes).
Pyrénées-Orientales.
Rhône.
Saône-et-Loire.

Saône (Haute-).
Sarthe.
Savoie.
Seine-Inférieure.
Seine-et-Oise.
Tarn.
Var.
Vaucluse.
Vienne.
Vienne (Haute-).
Vosges.

Un grand nombre d'entre eux ne se sont pas bornés à nous donner purement et simplement l'avis que nous leur avions demandé. Ils ont discuté l'importante question d'hygiène publique et sociale que nous leur avions soumise. Nous devons être fiers d'avoir provoqué les discussions si intéressantes qui ont eu lieu dans les conseils des Hautes-Alpes, de l'Aube, du Gard, du Gers, de la Gironde, de la Loire, de la Seine-Inférieure, du Tarn et de la Vaucluse, pour n'en citer que quelques-unes, et les savants rapports du professeur Lépine à Lyon, du professeur Sézary à Alger, du professeur Louis Rampal à Marseille, du professeur Wannebroucq à Lille, du docteur Gounaud à Besançon, du docteur Lalande à Albi, le remarquable et important travail du professeur Layet à Bordeaux et bien d'autres encore.

25 conseils ne nous ont pas répondu, ce sont ceux des département dont les noms suivent :

Alpes (Basses-).
Ardèche.
Calvados.
Cantal.
Corrèze.

Côtes-du-Nord.
Creuse.
Drôme.
Eure.
Eure-et-Loir.

Ille-et-Vilaine.	Pyrénées (Basses-).
Landes.	Savoie (Haute-).
Loire (Haute-).	Seine-et-Marne.
Lot-et-Garonne.	Somme.
Maine-et-Loire.	Tarn-et-Garonne.
Mayenne.	Vendée.
Orne.	Yonne.
Puy-de-Dôme.	

Les réponses qui nous ont été faites étant assez complexes leur dénombrement exige que j'entre dans quelques détails.

Sur les 63 conseils (y compris les Pyrénées-Orientales) qui nous ont fait connaître leur opinion, 59 adoptent le principe de notre vœu, c'est-à-dire le principe de l'obligation inscrite dans une loi. Mais tous ne l'adoptent pas dans les conditions que nous avions nous-mêmes acceptées. Je vous demande à ce propos, la permission de vous rappeler que dans la discussion assez étendue qui avait précédé, au sein du conseil, l'adoption du vœu, nous n'avions tous eu en vue que l'obligation de la vaccination. Si nous avons fixé une limite c'était afin de donner en quelque sorte un corps au principe que nous émettions, et je ne crois pas qu'aucun d'entre nous tînt absolument au terme de trois mois que nous avons adopté, pas même son auteur lui-même, notre collègue le docteur Fines.

Quoi qu'il en soit, voici les noms des départements dont les conseils centraux d'hygiène demandent l'application du principe de la vaccination obligatoire.

Ain.	Alpes-Maritimes.
Aisne.	Ardennes.
Alger.	Ariège.
Allier.	Aude.
Alpes (Hautes-).	Aveyron.

Bouches-du-Rhône.

Charente.

Charente-Inférieure.

Cher.

Constantine.

Corse.

Côte-d'Or.

Deux-Sèvres.

Dordogne.

Doubs.

Finistère.

Gard.

Garonne (Haute-).

Gers.

Gironde.

Hérault.

Indre.

Indre-et-Loire.

Isère.

Jura.

Loir-et-Cher.

Loire.

Loire-Inférieure.

Lot.

Lozère.

Manche.

Marne.

Marne (Haute-).

Meurthe-et-Moselle.

Morbihan.

Nièvre.

Nord.

Oise.

Oran.

Pas-de-Calais.

Pyrénées (Hautes-).

Pyrénées-Orientales.

Rhône.

Saône-et-Loire.

Sarthe.

Savoie.

Seine-Inférieure.

Seine-et-Oise.

Tarn.

Var.

Vaucluse.

Vienne.

Vienne (Haute-).

Vosges.

Sur ce nombre 41 acceptent notre vœu tel que nous l'avons émis.

Ce sont les conseils des départements dont voici les noms :

Ain.

Alpes-Maritimes.

Ardennes.

Ariège.

Aude.

Aveyron.

Charente.

Charente-Inférieure.

Cher.

Constantine.

Corse.	Morbihan.
Côte-d'Or.	Nièvre.
Deux-Sèvres	Nord.
Gard.	Oise.
Gers.	Oran.
Hérault.	Pas-de-Calais.
Indre.	Pyrénées (Hautes-).
Indre-et-Loire.	Pyrénées-Orientales.
Isère.	Seine-Inférieure.
Loir-et-Cher.	Seine-et-Oise.
Loire-Inférieure.	Tarn.
Lot.	Var.
Lozère.	Vienne.
Manche.	Vienne (Haute-).
Marne.	Vosges.
Meurthe-et-Moselle.	

Les conseils des cinq départements de l'Aisne, des Bouches-du-Rhône, de la Haute-Garonne, de la Loire et de la Vaucluse demandent que le délai prescrit pour la vaccination soit porté à *six mois*.

Huit autres, ceux de l'Allier, des Hautes-Alpes, du Doubs, du Finistère, du Jura, de la Gironde, du Rhône, de la Sarthe et de la Savoie, demandent qu'il soit porté à *un an*.

Le conseil de la Haute-Marne ne s'est pas arrêté à une date fixe ; il dit seulement, *la date sera à déterminer*.

Le conseil de la Dordogne, envisageant la question à un autre point de vue, pense que la limite à imposer doit varier avec les pays. Il demande l'établissement de *zones* dans lesquelles la limite à fixer serait la même pour toute la zone.

Bon nombre de conseils ne se bornent pas à admettre et à demander avec nous qu'une loi rende la vaccination obligatoire, mais ils demandent encore que la revaccition le soit aussi.

L'Ariège, l'Hérault, la Haute-Garonne, la Loire-Inférieure sont de ce nombre, mais ne précisent pas l'époque à laquelle il y aurait lieu de procéder à cette opération.

Les départements suivants ont la même opinion et fixent le moment de la ou des revaccinations.

La Loire fixe l'âge de 6 ans; la Charente-Inférieure, 8 ans; les Deux-Sèvres, le Doubs et le Gard, vers 10 ans; le Nord, à 12 ans; la Sarthe, vers 13 ans; la Marne, vers 14 ans; les Ardennes demandent qu'il y soit procédé dans l'âge adulte; l'Oise voudrait que la revaccination se fît dans les écoles; le Nord voudrait que l'on renouvellât plusieurs fois l'opération; les Bouches-du-Rhône, qui sont du même avis, demandent que l'on revaccine à l'entrée et à la sortie des écoles ainsi qu'à l'entrée au régiment; les Hautes-Alpes demandent qu'on y procède entre 12 et 15 ans et entre 20 et 25 ans.

Soit en tout, dix-huit conseils qui demandent que l'on rende aussi la revaccination obligatoire.

Quelques cons... demandent la vaccination immédiate en temps d'épidémie.

Vous devez commencer à voir que la question si heureusement soulevée parmi nous par notre collègue M. le docteur Fines était mûre et qu'elle a vivement intéressé bon nombre de nos collègues. Vous en serez bien plus convaincus lorsque vous saurez que leur sollicitude ne s'est pas a...tée là.

C'est ainsi que la Côte-d'Or, les Deux-Sèvres et la Vaucluse demandent qu'on ne se serve que du vaccin animal, et ils donnent les raisons de leur manière de voir.

D'autres conseils ne demandent pas la chose d'une

façon aussi catégorique que ceux que je viens de vous
citer, mais cela est bien dans l'esprit de leurs délibérations. Je vous indiquerai, par exemple, celui des Bouches-du-Rhône qui recommande la création d'Instituts
vaccinaux; et celui de la Gironde dont le rapporteur
était le docteur Layet, directeur de l'Institut vaccinal
de Bordeaux et l'infatigable propagateur du vaccin
dans cette région.

Voulant faire la prophylaxie de la variole d'une façon
aussi complète que possible, le conseil de la Côte-d'Or
demande la dénonciation de tous les cas de variole.

Le conseil d'hygiène de Constantine demande que la
vaccination obligatoire soit étendue aux indigènes. Il
est à peine besoin de dire que nous considérons cette
obligation comme réellement formulée dans notre vœu.

Enfin, un département, frontière comme le nôtre,
celui du Nord, demande qu'on n'autorise la résidence
des étrangers en France, qu'après qu'ils auront fourni
un certificat de vaccination.

Comme je l'ai indiqué déjà, la question était mûre,
si mûre même que cinq conseils au moins nous ont fait
connaître qu'ils avaient déjà émis le même vœu ou des
vœux analogues; ce sont ceux de l'Allier, de l'Aude, de
la Lozère, d'Oran et de la Meuse (1). Ce dernier l'a
même émis deux fois, mais il n'adopte pas le nôtre!

Il se trouve en compagnie de trois autres : ceux de
l'Aube, du Loiret et de la Haute-Saône.

Il ne faudrait pas croire cependant que ces différents
conseils sont composés d'ennemis du vaccin; non, ils
n'en nient pas les bienfaits; mais, pour diverses rai-

(1) Le 16 juillet 1887, sur la proposition du docteur Perrin, le
conseil central d'hygiène de la Sarthe, avait décidé qu'une circulaire
serait envoyée à tous les conseils d'hygiène des autres départements
pour leur soumettre le même vœu.

sons, ils n'adoptent pas le vœu que nous avons émis, qu'une loi rende la vaccination obligatoire.

Voici du reste comment ils s'expriment :

Le conseil d'hygiène de l'Aube dit expressément qu'il adopte les motifs de notre délibération (ce qui au fond est l'essentiel), mais qu'il ne pense pas qu'une loi rendant la vaccination obligatoire dans les trois premiers mois qui suivent la naissance puisse être appliquée.

Celui du Loiret émet le vœu suivant :

« Le conseil d'hygiène et de salubrité du Loiret,
« tenant compte de l'obligation de la vaccination pour
« l'admission dans les écoles, sachant que la vaccina-
« tion des enfants ne rencontre dans le département
« aucune résistance et que les revaccinations sont très
« fréquentes et tendent à le devenir davantage ; consi-
« dérant que cette pratique a mis le département à
« l'abri d'épidémies sérieuses de variole, pense que la
« vaccination est suffisamment entrée dans les usages
« pour qu'il soit inutile de la rendre obligatoire par
« une loi. »

Celui de la Meuse s'exprime ainsi :

« Le conseil d'hygiène du département de la Meuse
« a émis, à deux reprises, un vœu semblable, lors de
« la proposition de loi qui avait pour auteur M. le doc-
« teur Liouville, député de la Meuse. Cette proposition
« n'ayant pas eu de succès, il paraît inutile de la renou-
« veler. D'ailleurs depuis quelques années, dans le
« département de la Meuse, les médecins et les sages-
« femmes rivalisent d'activité dans la pratique des
« vaccinations et des revaccinations, de telle sorte qu'il
« paraît désormais inutile, au moins pour ce départe-
« ment, de modifier la législation actuelle. »

Enfin, reste le conseil d'hygiène de la Haute-Saône qui, purement et simplement, déclare que, selon lui, il n'y a pas lieu de rendre la vaccination obligatoire.

C'est donc à vrai dire *le seul* qui s'oppose à notre vœu ; les autres se bornant à ne pas adopter l'idée de l'obligation légale. Je ne pourrai donc pas combattre cette conclusion imprévue et inattendue, parce que nos collègues de la Haute-Saône ne nous ont pas donné les raisons qui les faisaient se déterminer ainsi.

Les trois autres, il ne me paraît pas superflu de le répéter, ne sont certes pas des antivaccinateurs, ils ne nient pas les bienfaits de la vaccine, ils les reconnaissent au contraire, les constatent, je dirai volontiers, avec plaisir, mais ainsi que je vous l'ai déjà dit, diverses raisons les portent à croire qu'une loi la rendant obligatoire est inutile ou impraticable. Cela est tellement vrai que dans l'Aube on adopte les motifs de notre délibération, que dans le Loiret et dans la Meuse on constate la généralisation non-seulement des vaccinations mais encore des revaccinations.

Je crois devoir insister sur la délibation du conseil de la Meuse, qui refuse aujourd'hui de s'associer au vœu que nous avons formulé et qui, cependant, l'avait déjà émis, non pas une fois mais deux, et bien avant nous. C'était au temps où le regretté docteur Liouville, alors député de ce département, proposait au Parlement d'édicter cette loi que nous réclamons. Nous ne saurions croire que ce qui était jugé bon et nécessaire il n'y a pas bien longtemps soit devenu aujourd'hui mauvais et inutile, et nous ne pensons pas que les temps soient assez changés depuis lors, pour que les survivants du docteur Liouville n'aient plus besoin d'être protégés contre la variole. Il est vrai que nos collègues de la Meuse se rencontrent sur ce point avec ceux du Loiret qui croient notre proposition inutile parce que l'on se fait suffisamment vacciner dans leurs départements respectifs. Nous les trouvons bien heureux et nous les félicitons bien sincèrement de pouvoir constater un pareil état de choses. Mais c'est juger notre demande d'avis sur cette question à un point de vue bien étroit, que de ne vouloir regarder que ce qui se passe dans leur voisinage immédiat. Du reste, s'il en est bien ainsi dans le Loiret et la Meuse, une loi rendant la vaccination obligatoire ne changera rien dans ces départements à la situation actuelle, elle la consacrera seulement. Elle ne devrait point y être mal vue puisqu'elle proclamerait l'excellence de leurs coutumes hygiéniques. Qu'on nous permette cependant d'ajouter que, sans vouloir mettre en doute l'exactitude de l'appréciation de ces deux conseils d'hygiène, nous aurions aimé les voir appuyer leur dire d'une statistique relative à la mortalité que cause la variole dans les départements auxquels ils appartiennent. Nous aurions été heureux de constater qu'il existe en France des régions où la mortalité par variole, grâce à la généralisation de la vaccination, n'est pas plus forte qu'en Allemagne, ou même dans l'armée française depuis qu'on a pris la coutume d'y inoculer tous les conscrits à leur arrivée au régiment. Nous en eussions fait un argument de plus pour soutenir notre demande pour le reste de la France.

Le conseil central d'hygiène de l'Aube accepte, comme vous l'avez vu, le principe de notre délibération, mais il ne croit pas nécessaire d'adopter notre vœu. S'il pense ainsi en raison du terme de trois mois que nous avons fixé, nous croyons qu'il serait facile de nous entendre avec lui, comme nous espérons bien nous entendre avec tous ceux qui, non sans de bonnes raisons, demandent que ce délai soit sensiblement allongé. Mais s'il veut dire qu'une loi rendant la vaccination obligatoire serait inapplicable en France (et nous craignons bien que ce ne soit là son opinion) nous ne pouvons partager cette manière de voir. Pourquoi, en effet, serait-il plus difficile ici qu'ailleurs de faire obéir à une loi si salutaire ? Les résultats de cette législation sont tellement évidents et certains qu'ils pousseraient certainement un gouvernement comme le nôtre, soucieux d'assurer la sécurité à ses concitoyens, à la faire exécuter sans défaillance. Il y serait poussé dans un but supérieur de conservation sociale et il n'aurait du reste qu'à trouver les moyens de généraliser absolument une précaution aujourd'hui bien entrée dans les mœurs, que l'on ne prend pas le plus souvent par incurie, négligence, ou défaut d'occasion propice et non pas par la volonté formellement arrêtée de n'y avoir pas recours. Ses détracteurs, en effet, diminuent chaque jour, vaincus qu'ils sont par l'évidence des résultats obtenus et par les progrès incessants de la science.

Tout ce que l'on pouvait jusqu'ici reprocher au vaccin ne disparaît-il pas presque absolument avec l'usage de plus en plus répandu du vaccin animal ? Que sont du reste des accidents, sans doute très regrettables en eux-mêmes, mais qui ne sont que des accidents, c'est-à-dire quelque chose de rare et de passager, à côté de l'état que nous créerait, sans la vaccination même pratiquée telle qu'elle l'est actuellement en France, la variole régnant en permanence dans notre société, de plus en plus en mouvement non-seulement de ville à ville, mais de peuple à peuple et même de continent à continent.

Concluons donc sur ce point que si nous pouvons avoir le bonheur de voir voter la loi que nous souhaitons, elle sera appliquée certainement et nous ne craignons pas d'ajouter sans difficulté sérieuse.

Parmi les rares causes de protestations soulevées au
sein des divers conseils d'hygiène par les très rares
adversaires de la vaccination obligatoire, nous avons
à peine vu effleurer *le respect de la liberté individuelle.*
On s'est borné à en parler un peu, bien peu, à y faire
une bien légère allusion, sans insister, sans appuyer,
en somme sans en tenir compte. Puisque aucun conseil
d'hygiène ne s'est arrêté à cet argument, présenté du
reste une seule fois, il est permis d'en conclure qu'il est
désormais sans valeur et que l'obligation nouvelle
sera partout bien acceptée. Cela devait arriver ainsi,
car s'il est vrai que rien n'est plus respectable que
la liberté individuelle, rien non plus n'avait moins
à être invoqué qu'elle dans la question qui nous occupe.
On ne se détermine en effet librement, que lorsqu'on
connaît bien les raisons et les conséquences de son
choix, et le public, dans son ensemble, ne sait rien des
raisons et des conséquences de la vaccination. C'est
bien ici le cas pour un gouvernement éclairé et bien
renseigné d'imposer une règle a ceux qui n'en connais-
sent pas l'importance et les bienfaits. Disons aussi
qu'une liberté, quelle qu'elle soit, n'est véritablement une
liberté que lorsqu'elle est réglementée. La liberté ne
saurait être la mise en pratique du bon plaisir ou de la
fantaisie de chacun et de tous, fous ou sensés, savants
ou ignorants. Il est, selon nous, du devoir d'une société
bien organisée de corriger par des lois l'ignorance
des uns et les caprices des autres. Il n'est, du reste,
pas une loi qui ne puisse être réputée porter atteinte à la
liberté individuelle, en défendant précisément ce que
certains voudraient faire.

Le conseil d'hygiène des Bouches-du-Rhône dit
qu'invoquer ici la liberté individuelle est une pure
affaire de sentiment et de second plan. Volontiers nous

nous ralliérions à cette opinion si nous n'avions les raisons exposées ci-dessus pour passer outre.

Une erreur plus dangereuse aujourd'hui, parce
qu'elle a une certaine *apparence* de raison, est celle
dans laquelle nous paraî. être tombé le conseil central
d'hygiène du Loiret. Elle consiste à dire que la mise
en pratique des lois scolaires suffit à rendre la vaccination obligatoire, puisque l'instruction est obligatoire et
qu'on n'est admis à l'école qu'après avoir prouvé qu'on
a été vacciné. Mais qui ne sait qu'on se soustrait à ces
lois et partant à la vaccination? Mais qui ne sait ce que
sont en pareil cas bon nombre de certificats de vaccine,
si ce n'est des certificats de complaisance? Et puis fus-
sent-elles régulièrement mises en pratique, ces lois
laisseraient une énorme lacune; entre la naissance et
le jour de l'entrée à l'école, il resterait une bien trop
grande marge pour que la variole ne se hâtat pas d'en
profiter si on lui en donnait le loisir. Enfin, remarquons
que les lois scolaires obligent seulement tous les parents
à faire donner l'instruction à leurs enfants; mais elles
leur permettent, avec justice, de les faire instruire
chez eux ou dans une école privée si cela leur plaît ainsi.
Or dans ces deux cas les enfants peuvent échapper
à la vaccination. Cela est évident dans le premier, et
dans le second c'est tout aussi réel. Les écoles libres
s'administrent en effet à peu près à leur guise, et peuvent certainement, si cela leur convient, ne pas exiger
de certificat de vaccine.

Il suffit de mentionner toutes ces conditions, peut-
être peu connues, pour faire voir que : application,
même rigoureuse, des lois scolaires et prophyloxie de
la variole ou vaccination obligatoire des enfants du
premier âge ne sont pas une seule et même chose.

Le même genre d'argumentation serait à opposer à

ceux qui prétendraient que les mesures prises depuis
quelque temps dans l'armée doivent suffire à nous préserver de la variole. Il suffit en effet de faire remarquer
que l'armée ne constitue qu'une partie de la nation,
puisque les infirmes et bien entendu les femmes n'en
font pas partie.

Je crois avoir répondu à toutes les objections soulevées contre le vœu que nous avons émis. Il me reste à
vous faire connaître les raisons que fournissent ceux de
nos collègues qui, bien qu'adhérant à notre vœu, trouvent trop court le délai de trois mois que nous avons
fixé.

Le professeur Lépine (de Lyon), le docteur Gounaud
(de Besançon) et avec eux les conseils centraux d'hygiène du Rhône et du Doubs demandent que ce délai soit
étendu à toute la première année. Ils font remarquer,
avec raison, que les enfants de cet âge ne sauraient être
un grand danger pour la santé publique, quoiqu'ils ne
soient pas vaccinés, à cause de leur peu de réceptivité
pour la maladie.

Le professeur Layet (de Bordeaux), dans la magis-
trale étude qu'il a présentée comme rapport au conseil
central d'hygiène de la Gironde, invoque une autre
raison qui aboutit à la même conclusion. La vaccination
faite tout au début de la vie se développe moins bien
qu'un peu plus tard, et surtout perd plus vite sa vertu
protectrice.

D'autre part, le docteur Rampal (de Marseille) fait
remarquer que les manifestations tardives de la syphilis
héréditaire doivent engager à ne se servir que de vaccinifères âgés de plus de trois mois et, par conséquent, à
ne vacciner qu'après cette date. Nous ferons remarquer
que cette objection tomberait d'elle-même s'il était décidé que les vaccinations ne se feraient plus à l'avenir

2

qu'avec du vaccin animal. Ce n'est pas que celui-ci n'ait
pas provoqué des objections et le docteur Salinier, d'Albi,
a rappelé une expérience de Toussaint transmettant
à divers animaux le vaccin et la tuberculose à l'aide de
vaccin puisé sur une vache tuberculeuse. Mais il a lui-
même indiqué le moyen de tourner cette dernière difficulté en faisant remarquer qu'il n'y avait qu'à ne pas se
servir du vaccin avant que l'autopsie n'ait prouvé que le
vaccinifère n'était atteint d'aucune maladie transmis-
sible.

Le conseil d'hygiène du département des Hautes-
Alpes nous fournit une raison matérielle de différer
la vaccination jusqu'à un an : c'est que la région est si
montagneuse, l'hiver si long, la température si rigoureuse pendant toute cette saison, que pendant plus de
six mois de l'année les médecins ne peuvent presque
pas voir leurs clients; ils seraient, par conséquent,
pendant tout ce temps, dans l'impossibilité de pratiquer
des vaccinations.

Le conseil du Finistère a également prévu cette impossibilité et s'est rangé au délai d'un an.

Je n'insiste pas sur les raisons données par les conseils qui ont demandé un délai de six mois, parce
qu'elles sont de même ordre que celles que je viens
d'exposer.

Sans vouloir entrer personnellement dans la question
de délai à fixer, et bien qu'appréciant à toute leur valeur
les raisons fournies pour lui donner une latitude plus
grande que les trois mois fixés par vous, permettez-moi
de vous faire connaître une statistique bien intéressante
à cet égard.

Dans un travail paru dans les archives de Virchow (1),
le docteur Max Wolf, conclut qu'il faut vacciner le plus

(1) V. *Lyon Médical*, n° 50 du 14 décembre 1890, p. 532 et 533.

vite possible (c'est aussi l'avis raisonné du conseil d'hygiène de la Seine-Inférieure). Il fournit diverses preuves à l'appui de son dire et en particulier la statistique suivante :

En 1886, le nombre des morts par variole en Allemagne, a été de 155 dont 61 étaient âgés de moins d'un an; en 1887, la mortalité a été de 168 dont 56 au-dessous d'un an. Dans l'épidémie de variole de Kœnigsberg, en 1887, on a compté 159 cas de variole; 45 ont été observés chez des enfants de moins d'un an, et sur ce nombre 32 sont morts.

Cette statistique mérite d'être conservée dans la mémoire de tous ceux qui savent que la France, moins populeuse que l'Allemagne, perd par la variole, une moyenne de 14,000 citoyens par an, au dire de M. le professeur Brouardel ; soit en un an cent fois plus de morts en France qu'en Allemagne.

Un conseil demande enfin, à cause de la délicatesse des conditions dans lesquelles se font maintenant les vaccinations, que les médecins puissent seuls les pratiquer, notamment à l'exclusion des sages-femmes. Mais là encore l'usage exclusif du vaccin animal, puisé sur des animaux reconnus sains par l'autopsie, permettrait de continuer à autoriser les sages-femmes à pratiquer cette opération désormais sans inconvénient surtout en les obligeant, ainsi qu'on l'a proposé, à se servir pour chaque vaccination d'un instrument spécial, personnel en quelque sorte à chaque vacciné, de peu de valeur et que l'on détruirait dès qu'il aurait servi.

Je pourrais continuer ainsi à vous résumer les nombreux avis que nous ont fournis nos collègues dans leurs précieuses réponses si variées, mais je craindrais de tomber dans des minuties, ou de sortir du sujet en m'occupant de l'organisation du service destiné à faire

exécuter la loi, hélas future, ou des pénalités qu'encour-
ront ceux qui pourraient se refuser à lui obéir.

Je m'arrête donc, persuadé que le conseil central
d'hygiène et de salubrité des Pyrénées-Orientales sera
fier d'avoir émis le vœu du 12 novembre 1888 ; fier aussi
de l'enquête à laquelle il a pu se livrer grâce au bien-
veillant concours de l'administration, fier surtout du
résultat de cette enquête qu'il lui est permis de constater
aujourd'hui.

Je ne saurais cependant terminer sans adresser en
votre nom nos plus sincères remerciements à tous ceux
qui ont bien voulu nous aider à atteindre le but que
nous poursuivions, en répondant à la question que
nous leur avions adressée.

Grâce à leur aimable concours, nous pouvons dire,
en ne considérant, il est vrai, que ceux qui s'intéressent
au sort de la Patrie et de ses enfants, que la France, à
peu près en entier, demande qu'on la débarasse de la
variole et que, pour cela, une loi vienne enfin rendre la
vaccination obligatoire

Docteur Joseph MASSOT.

PIÈCES JUSTIFICATIVES [1]

Réponses des conseils centraux d'hygiène et de salubrité de France, consultés au sujet du vœu émis par le conseil central d'hygiène des Pyrénées-Orientales, pour qu'une loi rendre la vaccination obligatoire en France.

(1) Le présent rapport était en voie d'impression lorsque nous avons reçu la réponse du conseil d'hygiène d'Angers (Maine-et-Loire). On la trouvera à la dernière page. Elle porte à 64 le nombre des réponses ; à 60 celui des adhésions au vœu émis par le conseil d'hygiène de Perpignan ; à 19 celui des conseils qui demandent que la revaccination soit aussi rendue légalement obligatoire, et réduit à 24 le nombre des conseils qui n'ont pas répondu.

CONSEIL D'HYGIÈNE
et de
SALUBRITÉ PUBLIQUE
DE BOURG

Vœu pour rendre la vaccination
obligatoire.

RÉPUBLIQUE FRANÇAISE

PRÉFECTURE DU DÉPARTEMENT DE L'AIN

Séance du 20 décembre 1888.

Le 20 décembre 1888, à 3 heures, le conseil d'hygiène et de salubrité de l'arrondissement de Bourg se réunit à la préfecture, sous la présidence de M. Joliet, préfet de l'Ain.

Présents : MM. Brevet, Hudellet, Bernasconi, Parant, docteurs-médecins ; Aubert, médecin major du 23ᵉ régiment d'infanterie ; Page, Villard, Picard, pharmaciens ; Brianchi, vétérinaire, Cheissel, agent voyer en chef; Delestrac, ingénieur en chef des ponts et chaussées. Le procès-verbal de la dernière séance est lu et adopté.

M. le préfet communique au conseil, sur la demande qui lui en est adressée par M. le préfet des Pyrénées-Orientales, une délibération prise à la date du 13 novembre 1888 par le conseil central d'hygiène et de salubrité des Pyrénées-Orientales, au sujet d'une épidémie de variole qui sévit dans ce département. Il est dit dans cette délibération que sur 800 décès survenus à Perpignan depuis le commencement de l'année, 106 sont dus à la variole, que, d'autre part, les pays où la vaccination est obligatoire, comme Londres et la Prusse n'ont pas de mortalité par variole.

Par ces motifs, le conseil d'hygiène des Pyrénées-Orientales a émis le vœu suivant :

« Le conseil central d'hygiène publique et de salu-

« brité des Pyrénées-Orientales, ému de la persistance
« de la variole et de la mortalité qu'elle occasionne,
« appréciant, d'autre part, le bénéfice certain du vaccin,
« émet le vœu que les pouvoirs publics votent une loi
« pour rendre la vaccination obligatoire dans les trois
« premiers mois qui suivent la naissance. »

Il a, en même temps, décidé que ce vœu serait soumis
à l'approbation des conseils d'hygiène de toute la
France, pour lui donner une plus grande force auprès
des pouvoirs publics et que les réponses des conseils
seraient centralisées par M. le préfet des Pyrénées-
Orientales.

Le conseil d'hygiène et de salubrité de l'arrondissement de Bourg, considérant qu'il y a un intérêt public
à faire disparaître ou atténuer les épidémies de variole
et que la mesure proposée est reconnue efficace dans ce
but, adopte à l'unanimité le vœu qui lui est soumis.

L'ordre du jour étant épuisé, la séance est levée.

Pour copie conforme :

Bourg, le 24 décembre 1888.

Le conseiller de préfecture délégué,
Signé : Illisible.

Timbre de la préfecture
de l'Ain.

CONSEIL CENTRAL D'HYGIÈNE
de
L'AISNE

Obligation de la vaccine.

Vœu.

RÉPUBLIQUE FRANÇAISE
LIBERTÉ — ÉGALITÉ — FRATERNITÉ

Séance du lundi 31 mars 1890.

M. *le président* donne lecture d'une circulaire qui
lui a été adressée et qui contient un vœu du conseil

contral d'hygiène des Pyrénées-Orientales au sujet de l'obligation légale de la vaccination en France.

Le conseil s'associe au désir exprimé, mais il est d'avis que le délai dont il est question au vœu dont il s'agit soit porté de trois à six mois ; en cas d'épidémie, la vaccination aurait lieu d'urgence.

Pour extrait conforme :

Le secrétaire du conseil central,

Signé : DELATTRE.

Sceau
du Conseil central
d'hygiène
de l'Aisne.

ALGÉRIE

PRÉFECTURE D'ALGER

CONSEIL DÉPARTEMENTAL D'HYGIÈNE PUBLIQUE ET DE SALUBRITÉ

Extrait de la séance du 8 janvier 1889.

VŒU TENDANT A RENDRE OBLIGATOIRE LA VACCINATION

M. le docteur Sozary s'exprime en faveur de ce vœu dans les termes suivants :

M. le préfet des Pyrénées-Orientales a écrit à M. le préfet d'Alger pour l'informer que le conseil d'hygiène de son département, après avoir adopté un vœu en faveur de la vaccination obligatoire, l'a prié de demander l'adhésion à ce vœu de tous les conseils départementaux d'hygiène de France. En conséquence, M. le préfet d'Alger donne communication de cette lettre de son collègue des Pyrénées-Orientales au conseil départemental d'hygiène d'Alger.

Le conseil d'hygiène d'Alger ne peut que s'associer

à ce vœu. La variole est la seule maladie qu'on soit inexcusable d'avoir, parce que c'est la seule dont on puisse se préserver par la vaccination. Les pays où la vaccination est obligatoire, tels que l'Allemagne, l'Angleterre, une partie de la Suisse, se sont débarrassés absolument de la variole, alors qu'elle frappe gravement les autres pays tels que la France par exemple, où elle revient périodiquement. Les médecins militaires qui l'ont presque éliminée de l'armée française, par la pratique des revaccinations, ne peuvent la faire disparaître complètement comme les médecins de l'armée allemande, parce que les militaires la reprennent dans la population civile insuffisamment vaccinée et revaccinée. Il importe donc de rendre la vaccination obligatoire et de reprendre au Parlement le projet de loi déposé il y a déjà quelques années sur ce sujet par feu M. Liouville, député de Meurthe-et-Moselle.

Le conseil, à l'unanimité, adopte ce rapport.

Pour extrait conforme :

Le secrétaire général de la préfecture,
Signé : Illisible.

RÉPUBLIQUE FRANÇAISE

PRÉFECTURE de l'ALLIER

CONSEIL D'HYGIÈNE

Extrait du procès-verbal de la séance du 16 mars 1889.

VACCINATION. — M. le secrétaire donne lecture d'une lettre de M. le préfet des Pyrénées-Orientales à M. le préfet de l'Allier :

Dans cette lettre il est dit que le conseil central d'hygiène des Pyrénées-Orientales, préoccupé, à juste titre de l'inefficacité des moyens par lesquels, dans l'état actuel de notre législation, les autorités administratives s'efforcent de combattre les épidémies très meurtrières de variole, a émis le vœu que la vaccination soit rendue obligatoire. M. le préfet demande l'avis du conseil d'hygiène de l'Allier sur cette question.

Le vœu émis par le conseil central de Perpignan, dans la séance du 13 novembre 1889, est le suivant :

Vœu du conseil de Perpignan. — Le conseil central d'hygiène et de salubrité des Pyrénées-Orientales, ému de la persistance de la variole et de la mortalité qu'elle occasionne, appréciant d'autre part le bénéfice certain du vaccin, émet le vœu que les pouvoirs publics votent une loi pour rendre la vaccination obligatoire dans les trois premiers mois qui suivent la naissance.

Vœu du conseil de l'Allier. — Le conseil d'hygiène publique et de la salubrité de Moulins tient à faire remarquer que depuis longtemps il a émis le vœu que la vaccination soit rendue obligatoire. Il propose la modification suivante au vœu émis par le conseil central des Pyrénées-Orientales : « La vaccination sera rendue obligatoire dans les douze premiers mois qui suivent la naissance. »

Le secrétaire du conseil d'hygiène de l'Allier,
Signé : D' Deignier.

Pour extrait conforme :

Le secrétaire général,
Signé : Illisible.

Timbre
de la préfecture
de l'Allier.

DÉPARTEMENT DES BASSES-ALPES

DIGNE

N'a pas répondu.

HAUTES-ALPES

GAP

DÉPARTEMENT DES HAUTES-ALPES

Extrait du registre des délibérations du conseil d'hygiène de l'arrondissement de Gap.

L'an mil huit cent quatre-vingt-dix, et le seize novembre, le conseil d'hygiène de l'arrondissement de Gap s'est réuni à l'hôtel de la préfecture à 9 heures du matin, sous la présidence de M. le préfet des Hautes-Alpes. — Sont présents :

MM. le Dr Coronat, médecin des épidémies ; le Dr Labrevoit, médecin-major au 52e de ligne ; Léon Faure, pharmacien ; Finat, id. ; Vollaire, adjoint, faisant fonctions de maire de Gap ; Chaudier, architecte ; Vollaire, chef de division.

M. le préfet expose que, comme les années précédentes, la variole a fait un certain nombre de victimes dans le département. L'efficacité de la vaccination pour atténuer les ravages de cette maladie paraît devoir être mise hors de doute et, depuis longtemps déjà, s'agite la question de savoir s'il n'y aurait pas lieu de la rendre obligatoire.

Le conseil d'hygiène des Pyrénées-Orientales vient de prendre l'initiative d'une étude approfondie de la question ; il demande l'avis des conseils d'hygiène de France.

C'est pour émettre cet avis que le conseil de l'arrondissement de Gap est réuni.

M. le préfet déclare la discussion ouverte.

M. le Dr Coronat indique que la proposition du conseil d'hygiène de Perpignan peut être résumée comme suit :

Il y a lieu de rendre la vaccination obligatoire dans les trois premiers mois de l'existence.

M. Coronat est d'avis que ce délai est trop court pour les Hautes-Alpes où les circonscriptions médicales sont très étendues. On ne peut songer pendant les longs et rudes hivers des Alpes à faire apporter au chef-lieu de la commune, de 5 et 6 kilomètres parfois, les enfants en bas âge. Que, d'un autre côté, une épidémie autre que la variole vienne à régner dans le pays, comme l'année dernière la grippe, ou encore qu'un enfant soit malade et les parents refuseront de laisser inoculer leurs enfants. Il sera impossible, dès lors, de faire appliquer la loi.

Il pense qu'un délai de deux ans pourrait être adopté, d'autant que les dangers de propagation de la variole ne viennent pas des enfants au-dessous de l'âge de deux ans.

Il est d'avis aussi que ce n'est pas seulement la vaccination qui doit être rendue obligatoire, mais la revaccination. C'est à la pratique très heureusement introduite par l'autorité militaire de faire revacciner tous les hommes dès leur arrivée au régiment que l'on doit d'avoir vu disparaître la variole de l'armée. Mais les hommes impropres au service et les femmes échappent à l'application de cette sage mesure. L'adoption de mesures législatives est donc nécessaire pour que toute la population soit soumise à cette règle. Il considère que pour que l'inoculation produise tous ses effets, elle doit être pratiquée tous les dix ans sur chaque individu.

M. le médecin major est d'avis que la marge de deux ans est excessive et que l'on pourrait la réduire à un an, ce délai paraissant suffire quelles que soient les circonstances pour que tout enfant puisse être présenté au praticien. Tout en reconnaissant l'avantage d'une inoculation tous les dix ans, il craint qu'une obligation de ce genre ne crée une gêne trop grande pour la population, et il pense qu'il serait peut-être suffisant de prescrire la revaccination entre l'âge de 12 à 15 ans et dans tous les cas d'épidémie de variole ; ces dispositions avec la revaccination à l'armée qui s'applique aujourd'hui à la presque unanimité de la population mâle, paraîtraient de nature à écarter tout danger.

Sur une question de M. le président, M. le médecin-major fait connaître qu'il est admis que l'inoculation conserve ses effets préventifs pendant une période moyenne de huit ans.

M. le président résume la discussion et précise les diverses propositions formulées.

Après échange d'observations entre les divers membres présents, le conseil d'hygiène adopte les résolutions suivantes :

Il y a lieu, par des dispositions législatives, de rendre obligatoire la vaccination avant l'âge de un an et la revaccination entre 12 et 15 ans et entre 20 et 25 ans.

Fait à Gap, le 16 novembre 1890.

Ont signé : Tous les membres présents.

Pour extrait conforme :

Le secrétaire général,

Signé : Illisible.

Sceau
préfecture
des
Hautes-Alpes.

1re DIVISION

OBJET :
Hygiène Publique.

RÉPUBLIQUE FRANÇAISE

Nice, le 27 mars 1889.

Monsieur et cher collègue,

En réponse à votre lettre du 11 décembre 1888, j'ai l'honneur de vous informer que le conseil central d'hygiène et de salubrité de mon département a, dans sa séance du 23 mars courant, décidé de s'associer entièrement au vœu exprimé par le conseil central d'hygiène et de salubrité des Pyrénées-Orientales, tendant à ce que les pouvoirs publics votent une loi pour rendre la vaccination obligatoire dans les trois premiers mois qui suivent la naissance.

Veuillez agréer, monsieur et cher collègue, l'assurance de ma haute considération.

Le préfet,
Signé : Illisible.

DÉPARTEMENT DE L'ARDÈCHE

PRIVAS

N'a pas répondu.

RÉPUBLIQUE FRANÇAISE. — PRÉFECTURE DES ARDENNES

1re DIVISION

CONSEIL D'HYGIÈNE DE L'ARRONDISSEMENT DE MÉZIÈRES

Séance du 27 février 1889.

Présidence de M. le Dr TOUSSAINT, vice-président.

VACCIN. — M. le président communique au conseil d'hygiène la lettre suivante, adressée à M. le préfet des Ardennes par son collègue des Pyrénées-Orientales :

Perpignan, le 11 décembre 1889.

. . . .

M. le président donne ensuite lecture de la délibération du conseil central d'hygiène des Pyrénées-Orientales, dont il est fait mention dessus, et qui est ainsi conçue :

. . . .

Le conseil, après en avoir délibéré, reconnaissant tout l'intérêt qui s'attache à la mesure réclamée par le conseil central d'hygiène de Perpignan et considérant que l'expérience a démontré la nécessité, au bout d'un temps donné, de vacciner de nouveau ;

S'associe, à l'unanimité, au vœu formulé par cette assemblée, et demande que les pouvoirs publics votent une loi rendant obligatoire non-seulement la vaccination des enfants, mais aussi la revaccination des adultes, après un laps de temps à déterminer.

Pour extrait conforme :

Le secrétaire général,

Signé : Illisible.

Timbre
de la préfecture
des Ardennes.

RÉPUBLIQUE FRANÇAISE

PRÉFECTURE DU DÉPARTEMENT DE L'ARIÈGE

*Extrait du procès-verbal du conseil d'hygiène
de l'Ariège.*

SÉANCE DU 25 MAI 1889

M. le président communique au conseil une lettre de
M. le préfet des Pyrénées-Orientales informant M. le
préfet de l'Ariège que le conseil départemental d'hygiène du département qu'il administre a émis un vœu
ainsi conçu :

Le conseil central d'hygiène publique et de salubrité
des Pyrénées-Orientales, ému de la persistance de la
variole et de la mortalité qu'elle occasionne, appréciant
d'autre part le bénéfice certain du vaccin, émet le vœu
que les pouvoirs publics votent une loi pour rendre la
vaccination obligatoire dans les trois mois qui suivent la naissance.

Un membre émet le vœu, pour rendre la proposition
plus efficace, de créer une agitation sur cette importante
question en soumettant le vœu en question à tous les
conseils d'hygiène de France. Les réponses seraient
ensuite centralisées par les soins de M. le préfet des
Pyrénées-Orientales, et, comme les réponses ne font pas
doute, les pouvoirs publics, grâce à ce courant d'opinions irrésistibles, se trouveraient alors à même de présenter une loi qui aurait les plus grandes chances d'être
prise aussitôt en sérieuse considération.

Le conseil départemental d'hygiène de l'Ariège vote
la proposition à l'unanimité, et ne lui reproche qu'un

3

certain degré d'insuffisance. Il émet le vœu qu'on règle
en même temps les conditions de revaccination dont la
nécessité n'a plus besoin d'être démontrée depuis que
pratiquées dans l'armée sur une large échelle elles ont
donné des résultats tellement avantageux que l'on peut
dire que la variole n'existe plus dans les casernes.

Pour extrait conforme :

Le conseiller de préfecture,

Signé : Illisible.

Timbre
de la préfecture
de l'Ariège.

RÉPUBLIQUE FRANÇAISE

PRÉFECTURE DE L'AUBE

*Extrait du procès-verbal des délibérations
du conseil central d'hygiène.*

SÉANCE DU 16 OCTOBRE 1889.

VACCINATION OBLIGATOIRE. — VŒU DU CONSEIL D'HYGIÈNE
DES PYRÉNÉES-ORIENTALES.

M. le Dr Finot, secrétaire, a reçu de l'administration
préfectorale un dossier se rapportant à l'adoption d'un
vœu exprimé par le conseil d'hygiène du département
des Pyrénées-Orientales, et tendant à imposer aux
pères de famille l'obligation de faire vacciner leurs
enfants dans les trois mois qui suivent leur naissance.

M. Finot expose que le principe de l'obligation est
bon et salutaire ; mais l'application en devient difficile
et vexatoire. Est-il d'ailleurs possible d'obliger un père
de famille à livrer son enfant à une opération bénigne
en général, mais qui, dans certains cas, peut avoir des
résultats regrettables? Le gouvernement peut-il impo-

sor une contrainte par corps à propos d'une doctrine médicale qui, avant tout, devrait être transformée en loi d'État? En résumé, il est à souhaiter que la vaccination soit rendue obligatoire pour l'accès aux administrations publiques et privées ; car il s'agit alors d'un libre contrat intervenant entre un individu qui demande à remplir une fonction et l'administration qui accepte la demande sous certaines conditions. Aller plus loin serait excessif.

M. le Dr Hervey ne comprendrait pas qu'une sanction pût intervenir utilement, il est d'avis que les administrations doivent prendre les précautions nécessaires pour s'assurer un recrutement d'employés vaccinés et revaccinés.

M. le Dr Molé ne veut pas que l'État impose ainsi sa volonté. Il se souvient et sa mémoire n'a pas besoin d'être longue, d'accidents redoutables dont la relation se trouve tout entière dans le dernier compte rendu des séances de l'Académie de médecine.

M. Finot dépose le projet de résolution suivant :

« Le conseil central d'hygiène de l'Aube adopte les « motifs de la délibération du conseil central d'hygiène « des Pyrénées-Orientales, mais il ne pense pas qu'une « loi, rendant obligatoire la vaccination dans les trois « premiers mois qui suivent la naissance puisse être « appliquée. »

Cette proposition, mise aux voix, est adoptée à l'unanimité.

Troyes, le 16 octobre 1889.

Pour extrait conforme :

Le conseiller de préfecture,

Signé : Illisible.

Timbre
de la préfecture
de l'Aube.

RÉPUBLIQUE FRANÇAISE

*Extrait du registre des délibérations
du conseil central d'hygiène et de
salubrité du département de l'Aude.*

SÉANCE DU 10 NOVEMBRE 1889.

Répondant à un vœu émis par le conseil central
d'hygiène des Pyrénées-Orientales qui, ému des progrès
de la variole et des nombreuses victimes occasionnées
par cette épidémie, désire que la vaccination soit rendue
obligatoire ;

Le conseil central d'hygiène de l'Aude s'associe
d'autant plus volontiers à l'application de cette mesure
que, sur la proposition de M. le Dr Jalabert, il a déjà
émis un vœu semblable en 1882, époque à laquelle cette
terrible maladie frappa dans le département de l'Aude
un grand nombre de personnes.

Pour extrait conforme :

Le secrétaire général,
Signé : E. ROMET.

PRÉFECTURE
DE L'AVEYRON

CONSEIL D'HYGIÈNE
—

Vaccination.

RÉPUBLIQUE FRANÇAISE

Rodez, le 10 juillet 1890.

Monsieur et cher collègue,

J'ai l'honneur de vous informer que, dans sa séance
du 26 juin dernier, le conseil central d'hygiène et de
salubrité de l'Aveyron a émis le vœu que la vaccination

soit rendue obligatoire, mais à la condition qu'elle sera pratiquée avec du vaccin animal.

Je vous serai très obligé de vouloir bien communiquer ce vœu à M. le vice-président du conseil central d'hygiène des Pyrénées-Orientales.

Agréez, monsieur et cher collègue, l'assurance de ma haute considération.

Le préfet,

Dr BONMÉ.

CONSEIL D'HYGIÈNE
DU 1er ARRONDISSEMENT
des
Bouches-du-Rhône.

Marseille, le 13 février 1890.

Monsieur et très honoré confrère,

J'ai eu l'honneur de soumettre au conseil central d'hygiène et de salubrité des Bouches-du-Rhône, dans sa séance du 12 février courant, la proposition contenue dans votre lettre du 6 janvier 1890, ainsi conçue :

« Le conseil central d'hygiène et de salubrité des
« Pyrénées-Orientales, ému de la persistance de la
« variole et de la mortalité qu'elle occasionne, appré-
« ciant d'autre part le bénéfice certain de la vaccine,
« émet le vœu que les pouvoirs publics votent une loi
« pour rendre la vaccination obligatoire dans les trois
« premiers mois qui suivent la naissance. »

Cette proposition a été l'objet d'une discussion approfondie. Après cette discussion, le conseil central des Bouches-du-Rhône :

Considérant que, dans une question qui intéresse à un si haut degré la santé publique, les arguments tirés du respect de la liberté individuelle ou du père de famille qui sont d'ordre sentimental ne peuvent venir qu'en seconde ligne ;

Considérant que les reproches faits au vaccin comme véhicule de maladies contagieuses infectantes, notamment de la syphilis, quoique très exacts, ne peuvent pas entraîner le rejet de la vaccination obligatoire, parce que le vaccinateur instruit et prudent peut choisir un vaccinifère irréprochable et aussi parce qu'à l'aide de vaccinifères animaux d'espèce bovine, on peut avoir à sa disposition un vaccin indemne du principe contagieux infectant,

Délibère :

Qu'il y a lieu de s'associer au vœu du conseil central des Pyrénées-Orientales pour obtenir des pouvoirs publics le vote d'une loi qui rende la vaccination obligatoire.

En ce qui concerne le délai d'application de cette loi,

Considérant que pour des motifs très sérieux tirés de la constitution ou de la santé générale des enfants, et aussi de l'évolution parfois tardive de la syphilis constitutionnelle chez les nouveau-nés, le terme de trois mois est trop court,

Le conseil émet l'avis de prescrire la vaccination dans les six premiers mois qui suivent la naissance.

Eu égard au fonctionnement du service des vaccinations,

Le conseil,

Sans vouloir se prononcer sur les questions de l'unicité ou de la dualité du virus servant aux vaccinations,

Emet l'avis qu'il y a lieu de recommander aux pouvoirs publics la création d'instituts de vaccination animale, non-seulement dans les grands centres, mais sur divers points, dans chaque département, afin de mettre, le plus possible, le vaccin à la portée des populations.

Enfin il considère comme indispensable d'établir un contrôle de l'exécution de la loi et, dans ce but, il s'est montré favorable à la proposition d'un de ses membres, ayant pour objet de faire inscrire la date de la vaccination sur l'acte de naissance de la mairie dans une case spéciale.

Subsidiairement le conseil s'est prononcé, à titre de complément nécessaire, pour la prescription des revaccinations à des périodes déterminées et, à cet effet, il croit pouvoir indiquer l'entrée et la sortie des établissements scolaires, l'entrée au régiment.

Mais dans la pensée du conseil central des Bouches-du-Rhône l'adoption du vœu, sa transformation en loi et la création d'un service complètement organisé forment un tout dont les diverses parties ne peuvent être séparées. Voter une loi de vaccination obligatoire sans les moyens nécessaires pour obtenir un fonctionnement régulier, sûr, privé des inconvénients reconnus par tous, serait pire que l'état actuel.

Voilà, monsieur et très honoré confrère, l'opinion du conseil central des Bouches-du-Rhône.

Veuillez agréer, monsieur et très honoré collègue, pour vous et pour les membres de votre conseil, l'expression affectueuse de mes meilleurs sentiments et l'assurance de ma considération distinguée.

Le vice-président du conseil central d'hygiène et de salubrité des Bouches-du-Rhône,

Signé : Dr Louis RAMPAL,

Professeur à l'École de médecine.

DÉPARTEMENT DU CALVADOS

CAEN

N'a pas répondu.

DÉPARTEMENT DU CANTAL

AURILLAC

N'a pas répondu.

RÉPUBLIQUE FRANÇAISE

PRÉFECTURE DE LA CHARENTE

CONSEIL D'HYGIÈNE DE L'ARRONDISSEMENT D'ANGOULÊME

Extrait du registre des délibérations du conseil.

SÉANCE DU 8 JANVIER 1889

Présents : MM. Fournier, président ; Arnaud, Hillairet, Bourrut-Duvivier, Julien Allenet, Gaborit-Bessolte, Douzole, Chaux et Bouyer, secrétaire.

Le procès-verbal de la séance du 4 décembre est lu et adopté.

M. le président donne au conseil communication de la circulaire de M. le préfet des Pyrénées-Orientales et de la délibération du conseil d'hygiène et de salubrité publique de Perpignan.

Après une série d'observations échangées entre les membres présents, le conseil adopte à l'unanimité l'avis de s'associer sans réserves au vœu exprimé par le conseil d'hygiène des Pyrénées-Orientales.

Le secrétaire,

Signé : BOUYER.

Pour extrait conforme :

Le conseiller de préfecture,

Signé : Illisible.

━━━━━━━━━━

<table>
<tr>
<td>

CHARENTE-INFÉRIEURE

VŒU DU CONSEIL DÉPARTEMENTAL
d'hygiène et de salubrité
des Pyrénées - Orientales.

VACCINE

</td>
<td>

CONSEIL DÉPARTEMENTAL

D'HYGIÈNE PUBLIQUE ET DE SALUBRITÉ

SÉANCE DU 21 DÉCEMBRE 1888

</td>
</tr>
</table>

Le conseil départemental d'hygiène publique et de salubrité

Approuve la délibération du conseil départemental d'hygiène publique et de salubrité des Pyrénées-Orientales.

Mais il émet l'avis qu'une loi doit imposer non-seulement la vaccination dans les premiers mois de la vie, mais exiger la revaccination vers la huitième année.

Le secrétaire,

Signé : MABILLE.

Pour copie conforme :

Pour le préfet,

Le conseiller de préfecture délégué,

Signé : Illisible.

Préfecture
de la
Charente-Inférieure.

CHER

Vœu demandant
que la vaccination
soit rendue obligatoire.

RÉPUBLIQUE FRANÇAISE

*Extrait du registre des procès-verbaux
des délibérations du conseil d'hygiène
et de salubrité publique de l'arrondissement des Bourges.*

SÉANCE DU 19 AVRIL 1889

Vœu demandant que la vaccination soit rendue obligatoire.

M. le président informe alors le conseil qu'il a reçu de M. le préfet des Pyrénées-Orientales la communication d'un vœu émis par le conseil central d'hygiène de ce département, vœu demandant que la vaccination soit rendue obligatoire.

Le conseil central d'hygiène et de salubrité du département du Cher s'associe au vœu exprimé par le conseil central d'hygiène du département des Pyrénées-Orientales.

Pour extrait conforme :

Le secrétaire général,
Signé : Illisible.

Sceau
de la Préfecture
du Cher.

**PRÉFECTURE
DE CONSTANTINE**

HYGIÈNE ET SALUBRITÉ PUBLIQUE

Au sujet de la Vaccination
obligatoire.

Constantine, le 28 décembre 1889.

Monsieur et cher collègue,

Le 11 décembre courant vous m'avez transmis extrait d'une délibération par laquelle le conseil central d'hygiène et de salubrité de votre département a émis le vœu que la vaccination soit rendue obligatoire.

J'ai l'honneur de vous informer que j'ai soumis cette question au conseil central d'hygiène de Constantine.

Cette assemblée, dans sa séance du 18 décembre courant, a déclaré s'associer au vœu dont il s'agit et a estimé, en outre, qu'en ce qui concerne l'Algérie, il y a lieu de rendre la vaccination obligatoire aussi bien pour les indigènes que pour les Européens.

Veuillez agréer, monsieur et cher collègue, l'assurance de ma haute considération.

Pour le préfet :

Le conseiller délégué,

Signé : Coly.

━━━━━

MINISTÈRE   Ajaccio, le 20 février 1890.

DE L'INTÉRIEUR

Le docteur Giustiniani, directeur de la santé en Corse, à monsieur le docteur Massot, vice-président du conseil central d'hygiène et de salubrité des Pyrénées-Orientales :

Monsieur et très honoré collègue,

Le département de la Corse a été trop souvent éprouvé par des épidémies de variole pour que le conseil central d'hygiène n'ait pas eu à se préoccuper à diverses reprises de la situation et, n'ait fait des appels réitérés et pressants auprès de l'administration afin d'y porter remède ; c'est la question portée à l'ordre du jour de presque toutes les séances. Tout récemment encore, dans une lettre adressée à M. le préfet, dont pourtant la sollicitude pour les questions sanitaires est incontestable, je disais que nous ne pouvions pas nous défendre d'un sentiment de tristesse et d'humiliation en voyant le lourd tribut que nous payons à cette épidémie qui n'est connue en Allemagne, en Belgique et ailleurs, que par des cas isolés.

Nous nous associons complètement au vœu émis par le conseil central d'hygiène des Pyrénées-Orientales :

« Que les pouvoirs publics votent une loi pour ren-
« rendre la vaccination obligatoire dans les trois
« premiers mois qui suivent la naissance. »

Et nous ajoutons :

« Qu'il y a lieu de procéder à des revaccinations à
« des périodes déterminées. »

Veuillez agréer, monsieur et très honoré collègue, l'assurance de mes sentiments les plus distingués.

Dr GIUSTINIANI.

DÉPARTEMENT DE LA CORRÈZE

TULLE

N'a pas répondu.

CONSEIL CENTRAL
d'hygiène publique et de salubrité
DE LA CÔTE-D'OR

Réponse au vœu du conseil
d'hygiène du département
des Pyrénées Orientales.

EXTRAIT DU PROCÈS-VERBAL
de la
SÉANCE DU 8 MAI 1880

M. le Dr Minot donne lecture du rapport suivant :

« Messieurs,

« Nous ne pouvons que nous associer au vœu exprimé par le conseil d'hygiène du département des Pyrénées-Orientales.

« Il est en effet nécessaire que la loi rende la vaccine obligatoire, bien qu'elle le soit déjà de fait, et que de l'enfance jusqu'à la vieillesse nul ne puisse entrer dans une école ou occuper une fonction sans prouver qu'il est vacciné.

« Mais notre honorable confrère auteur du rapport, sait comme nous que la vertu préservatrice du vaccin s'épuise avec les années, que sa nature rend cette action plus ou moins efficace ou durable et que enfin lorsque la variole apparaît, elle détermine chez les vaccinés des varioloïdes discrètes ou confluentes qui peuvent être fort graves.

« Aussi nous estimons que non-seulement la vaccine doit être rendue obligatoire, mais encore la revaccination et qu'elles doivent être pratiquées avec un vaccin se rapprochant autant que possible de la source naturelle ; puis comme ce moyen de préservation par excellence peut encore être déjoué dans plus d'une circonstance, nous estimons qu'il faut rendre obligatoire la déclaration des cas de variole franche ou modifiée, de façon à prévenir l'extension de la maladie par l'application légale des prophylactiques connus, tels que l'isolement, la désinfection, etc. »

Conclusions adoptées.

Pour extrait conforme :

Le secrétaire,

Signé : F. HEBERT.

Conseil central
d'hygiène
et de salubrité.
Côte-d'Or
Dijon.

DÉPARTEMENT DES COTES-DU-NORD

SAINT-BRIEUC

N'a pas répondu.

DÉPARTEMENT DE LA CREUSE

GUÉRET

N'a pas répondu.

RÉPUBLIQUE FRANÇAISE

PRÉFECTURE DES DEUX-SÈVRES

*Conseil central d'hygiène du département
des Deux-Sèvres.*

EXTRAIT DE LA SÉANCE DU 5 JANVIER 1889

Présidence de M. NANAUD, secrétaire général.

Étaient présents : MM. le Dr Pillet, le Dr Roullaud, Léaud, Logé, Puy, Péquin, Lecler, Puy-le-Blanc, adjoint au maire de Niord, Maugaud...............

M. le président communique au conseil un vœu émis par le conseil central d'hygiène et de salubrité des Pyrénées-Orientales et ainsi conçu : « Le conseil central « d'hygiène publique des Pyrénées-Orientales, ému de « la persistance de la variole et de la mortalité qu'elle « occasionne, appréciant, d'autre part, le bénéfice cer- « tain du vaccin, émet le vœu que les pouvoirs *publics* « *votent une loi pour rendre la vaccination obligatoire* « *dans les trois premiers mois qui suivent la naissance.* »

Le conseil central d'hygiène des Deux-Sèvres émet le même vœu, sous la réserve que la vaccination sera opérée avec du vaccin de génisse et demande, en outre, que la revaccination vers l'âge de 9 ou 10 ans soit également rendue obligatoire.

Pour copie conforme :

Le secrétaire général,

Signé : Illisible.

PRÉFECTURE DE LA DORDOGNE

Irᵉ DIVISION

ADMINISTRATION GÉNÉRALE. — ÉLECTIONS. — FINANCES. — RECRUTEMENT.

Conseil départemental d'hygiène.

SÉANCE DU 9 MARS 1880.

Le conseil est saisi d'une proposition du conseil d'hygiène des Pyrénées-Orientales, qui tendrait à faire rendre, par une loi, la vaccination obligatoire dans les trois mois de la naissance. A l'unanimité, le conseil s'associe au vœu de celui des Pyrénées-Orientales, quant à la nécessité absolue des vaccinations dans le plus jeune âge; mais il ne croit point qu'une loi puisse et doive fixer une époque aussi délimitée à la vaccination, surtout en hiver. Il faudrait tout au moins, créer des zones, car s'il est sans danger de sortir au grand air les enfants dans les pays chauds, il est des régions froides et humides en France où cela constituerait un grand danger pour des enfants de trois mois et au-dessous.

Pour copie conforme :

Timbre
de la préfecture
de la
Dordogne.

Le secrétaire général,

Signé : Illisible :

RÉPUBLIQUE FRANÇAISE

PRÉFECTURE DU DÉPARTEMENT DU DOUBS

Conseil d'hygiène.

SÉANCE DU 8 MAI 1889.

VACCINE. — Par délibération du 13 décembre 1888, le conseil d'hygiène des Pyrénées-Orientales a émis le vœu que les pouvoirs publics votent une loi pour rendre la vaccination obligatoire dans les trois premiers mois qui suivent la naissance, et il sollicite l'adhésion des autres comités centraux de la province.

Il y a dans cette délibération deux propositions qui doivent être examinées séparément :

1º L'obligation de la vaccine et 2º l'âge auquel le vaccin doit être inoculé. Sur le premier point, on peut affirmer que le corps médical tout entier, à quelques rares exceptions près, est partisan de la vaccination obligatoire. A ceux qui pensent qu'il faut à cet égard laisser aux parents, une entière liberté, il est facile de répondre que cette obligation est d'ordre supérieur, attendu que de la négligence des parents il peut résulter un foyer qui sera un jour funeste à leur famille, à leur village, à leur quartier, au pays tout entier.

La seconde proposition, qui imposerait la vaccination dans les trois premiers mois qui suivent la naissance, me semble trop sévère, et il conviendrait de laisser aux familles un délai moins court afin de tenir compte de leurs habitudes et de leurs convenances.

Comme il est reconnu que les enfants âgés de moins d'un an sont moins exposés à la variole qu'à tout autre âge, il y aurait peu d'inconvénients à fixer cette limite dans la loi à intervenir.

Il est un point d'une grande importance que le conseil d'hygiène des Pyrénées-Orientales n'a pas touché et qui cependant mériterait d'attirer l'attention : c'est la nécessité des revaccinations ; il serait absolument utile de répandre partout la notion de son utilité et d'y amener les familles. Il suffirait pour atteindre ce but de faire revacciner tous les élèves au-dessous de 10 ans à leur entrée au lycée, aux collèges, aux écoles, ainsi que tous les jeunes soldats à leur entrée à la caserne.

(Depuis ce vœu vient d'être réalisé par deux arrêtés du ministre de l'instruction publique, modifiant dans ce sens le règlement scolaire primaire élémentaire, et exigeant des candidats aux écoles normales un certificat de revaccination.)

C'est parce que la vaccine et la revaccination ont été négligées dans beaucoup de départements que la variole a sévi si violemment en France pendant la guerre de 1870-71, et que, pour ne parler que de notre province, 638 communes de la Franche-Comté, dont 302 du département du Doubs, lui ont payé leur tribut.

En conséquence, il est proposé au conseil d'approuver le vœu émis par le conseil d'hygiène des Pyrénées-Orientales, quant à l'obligation de la vaccine, et d'étendre à un an le délai à accorder aux familles pour satisfaire à cette obligation ; de proposer en outre d'appeler l'attention des pouvoirs sur l'utilité des revaccinations.

Les conclusions du rapport sont adoptées, et communication en sera faite à l'administration préfectorale. Un des membres de conseil propose qu'en temps d'épi-

4

démie de variole les vaccinations se fassent le plus tôt possible. Le conseil se range à cet avis.

Pour extrait conforme :

Le secrétaire,

Signé : A. GOUNAUD.

DÉPARTEMENT DE LA DROME

VALENCE

N'a pas répondu.

DÉPARTEMENT DE L'EURE

ÉVREUX

N'a pas répondu.

DÉPARTEMENT D'EURE-ET-LOIR

CHARTRES

N'a pas répondu.

PRÉFECTURE DU FINISTÈRE

RÉPUBLIQUE FRANÇAISE

Quimper, le 16 mars 1880.

Monsieur et cher collègue,

Conformément au désir exprimé par votre lettre du 11 décembre dernier, j'ai saisi le conseil d'hygiène de mon département du vœu formulé par le conseil similaire des Pyrénées-Orientales au sujet de la vaccination obligatoire.

J'ai l'honneur de vous donner ci-après connaissance de la résolution adoptée dans la séance du 1er mars courant par le conseil central d'hygiène du Finistère.

3° Conseil d'hygiène des Pyrénées-Orientales.

« Comme l'indique une lettre de M. le préfet de ce « département à M. le préfet du Finistère, le conseil « central des Pyrénées-Orientales, dans sa séance du « 13 novembre 1888, préoccupé des mesures à prendre « contre les ravages de la variole, a émis le vœu que la « vaccination soit rendue obligatoire. Pour que ce vœu « reçoive une sanction plus considérable il serait desi-« rable que les autres conseils d'hygiène s'y associas-« sent. »

« Consulté à ce sujet, le conseil central d'hygiène du Finistère approuve hautement le principe de l'obligation de la vaccine et souhaite que les pouvoirs publics votent une loi qui la rende obligatoire. Toutefois, se rendant compte de certaines difficultés matérielles qu'il y aurait à adopter le terme très restreint de trois mois après la naissance, fixé par le conseil d'hygiène des Pyrénées-Orientales, il estime qu'on pourrait n'exiger l'application sévère de la loi qu'à partir de la première année suivant la naissance de l'enfant. »

Veuillez agréer, monsieur et cher collègue, l'assurance de ma haute considération.

Le préfet,

Signé : Illisible.

PRÉFECTURE

DU GARD

—

Extrait du procès-verbal des délibérations du conseil d'hygiène et de salubrité publique de l'arrondissement de Nîmes.

SÉANCE DU 2 FÉVRIER 1889

Présents : MM. le docteur Carcassonne, vice-président ; Bonnes, Boyer, Dussaud, Massal, Mourgue-Delferre, secrétaire.

M. le préfet communique au conseil une lettre de M. le préfet des Pyrénées-Orientales, transmettant une délibération du conseil central d'hygiène de ce département. Par cette délibération, en date du 13 novembre 1888, le conseil d'hygiène des Pyrénées-Orientales émet le vœu que « les pouvoirs publics votent une loi pour rendre la vaccination obligatoire dans les trois premiers mois qui suivent la naissance. »

Le conseil central d'hygiène des Pyrénées-Orientales invite le conseil central d'hygiène du Gard à s'associer à ce vœu.

Après la lecture de ces documents M. le président propose au conseil de donner une réponse favorable à la demande qui lui est adressée.

M. le docteur Dussaud approuve le vœu du conseil des Pyrénées-Orientales, mais le trouve incomplet. Étant donné que la vaccine n'est réellement efficace que pendant une période de sept ou huit années ; que le danger de propagation de la variole se manifeste surtout parmi les enfants fréquentant les écoles, M. le docteur Dussaud demande la revaccination obligatoire des enfants pendant la période scolaire. En conséquence, il propose au conseil d'adopter le vœu du conseil d'hygiène des Pyrénées-Orientales en y ajoutant :

La revaccination obligatoire, à l'âge de 10 ans, de tous les enfants fréquentant les écoles.

Le vœu, mis aux voix avec l'amendement de M. Dussaud, est adopté à l'unanimité.

Pour extrait conforme :
Le conseiller de préfecture,
Signé : MOMBRE.

Timbre
de la préfecture
de Nîmes.

Soit transmis à notre collègue M. le préfet des Pyrénées-Orientales en réponse à sa lettre-circulaire du 11 décembre dernier.

Nîmes, le 20 février 1889.

Pour le préfet :
Le conseiller de préfecture,
MOMBRE.

RÉPUBLIQUE FRANÇAISE

PRÉFECTURE DE LA HAUTE-GARONNE

Conseil central d'hygiène publique et de salubrité de la Haute-Garonne.

EXTRAIT DU PROCÈS-VERBAL DE LA SÉANCE DU 30 MARS 1889

Présents : MM. Caubet, vice-président; Graciette, Garrigou, Dupuy, André, Bidaud, Guilhem, Frébault, Saint-Plancat, Bouteille, Labéda et Labat, ce dernier secrétaire.

Affaires rapportées.

. . . .

VACCINATION OBLIGATOIRE ET REVACCINATION (Vœu du conseil d'hygiène de Perpignan) — Au nom d'une commission composée de MM. André, Labat et Dupuy, ce dernier donne lecture d'un rapport dont voici les conclusions :

Le conseil central d'hygiène publique et de salubrité de la Haute-Garonne, s'associant, d'une part, *au vœu émis par le conseil central d'hygiène des Pyrénées-Orientales, tendant à rendre la vaccination obligatoire,* mais considérant, d'autre part, que la revaccination est le complément nécessaire de la vaccination pour assurer l'immunité contre la variole, est d'avis :

1° Qu'il est urgent et d'un grand intérêt publi : qu'une loi rende la vaccination obligatoire dans les six mois de la naissance ;

2° Quant à la revaccination, elle doit être encouragée et même imposée par la loi, dans toutes les circonstances où cela est possible.

Les conclusions du rapport de M. Dupuy sont adoptées.

Pour extrait certifié conforme :

Le vice-président,   *Le secrétaire,*

Signé : Caubet.   Signé : Labat.

Pour copie conforme :

Pour le secrétaire général :

Le conseiller de préfecture délégué,

Signé : Illisible,

Timbre
de la préfecture
de la Haute-Garonne.

PRÉFECTURE
DU GERS

RÉPUBLIQUE FRANÇAISE

Auch, le 12 juillet 1890.

Monsieur et cher collègue,

J'ai l'honneur de vous transmettre sous ce pli, un exemplaire des procès-verbaux des séances du conseil d'hygiène et de salubrité du Gers en 1889.

Le conseil central d'hygiène (voir page 18), s'est associé au vœu du conseil central d'hygiène de votre département tendant à obtenir le vote d'une loi pour rendre la vaccination obligatoire.

Agréez, monsieur et cher collègue, l'assurance de ma haute considération.

Le préfet du Gers,

Signé : Illisible.

GIRONDE

(Il nous est impossible, et nous le regrettons vivement, de reproduire ici en entier le rapport du docteur Layet, qui constitue une brochure importante. Nous devons nous borner aux conclusions suivantes adoptées par le conseil central d'hygiène de la Gironde.)

« Les conclusions qui découlent de ce travail que j'ai l'honneur de soumettre à l'approbation du conseil sont les suivantes :

« 1° La variole ne peut être combattue efficacement que par une application générale de la méthode des vaccinations et des revaccinations publiques.

« 2° L'organisation administrative des services publics de la vaccine basée sur la vaccination animale est la seule qui puisse se prêter à une généralisation efficace de cette mesure essentielle de préservation de la variole.

« 3° La vaccination dans la petite enfance, doit être rendue obligatoire. Elle doit être effectuée dans le courant de la première année et généralisée par la pratique des vaccinations directes de pis à bras.

« 4° La revaccination obligatoire s'impose comme un complément nécessaire de la vaccination obligatoire. Elle doit être également basée sur la méthode des vaccinations directes de pis à bras et effectuée, à la période d'âge scolaire dans tous les établissements d'instruction publique, et à l'âge de l'adolescence et de la puberté dans les administrations, dans tous les établissements publics, dans les ateliers, dans les chantiers de l'État et de l'industrie et à l'armée. »

Signé : Dr LAYET,

*Professeur à la Faculté de médecine
de Bordeaux.*

PRÉFECTURE
de
L'HÉRAULT
—

CONSEIL CENTRAL D'HYGIÈNE PUBLIQUE

ET DE SALUBRITÉ DU DÉPARTEMENT

---

*Extrait du procès-verbal de la séance
du 27 décembre 1888.*

Étaient présents : MM. de Marcère, secrétaire général, président de la séance ; Bertin-Sans, vice-président ; Hamelin, secrétaire ; Benoît, Blanc, Diacon, Glaize,

Lienhardt, Parlier, Pezet, Pourquier, Vigouroux et Salléles, secrétaire-adjoint.

. . . .

M. Bertin-Sans donne lecture d'une lettre par laquelle M. le préfet le prie de soumettre au conseil, avec une dépêche de son collègue des Pyrénées-Orientales en date du 11 décembre 1888, le vœu émis par le conseil central d'hygiène publique et de salubrité de ce département, demandant qu'une loi rende la vaccination obligatoire dans les trois premiers mois qui suivent la naissance.

A l'unanimité, le conseil central d'hygiène publique et de salubrité de l'Hérault s'associe à ce vœu et insiste énergiquement pour que indépendamment de la vaccination, les revaccinations soient également rendues obligatoires par une loi.

. . . .

Pour extrait conforme :

Le secrétaire général de l'Hérault,

Signé : Illisible.

Timbre
de la préfecture
de l'Hérault.

DÉPARTEMENT D'ILLE-ET-VILAINE

RENNES

N'a pas répondu.

— 58 —

PRÉFECTURE
de

L'INDRE

—

CONSEIL CENTRAL D'HYGIÈNE
de l'Indre.

—

RÉPUBLIQUE FRANÇAISE

Châteauroux, le 25 mars 1890.

Extrait de la délibération prise par le conseil central d'hygiène de l'Indre dans sa réunion du jeudi 23 mars 1890, en faveur de l'obligation légale de la vaccination.

« Par la circulaire adressée à M. le vice-président du conseil, dont il est donné lecture, M. le vice-président du conseil central d'hygiène des Pyrénées-Orientales demande l'adhésion du conseil central de l'Indre au vœu adopté par le conseil central des Pyrénées-Orientales concernant l'obligation légale de la vaccination. Ce vœu est ainsi conçu :

« Le conseil central d'hygiène et de salubrité des Pyrénées-Orientales, ému de la persistance de la variole et de la mortalité qu'elle occasionne ; appréciant, d'autre part, le bénéfice certain de la vaccine, émet le vœu que les pouvoirs publics votent une loi pour rendre obligatoire la vaccination dans les trois premiers mois qui suivent la naissance.

« Après quelques observations présentées par plusieurs membres sur l'opportunité de cette mesure qui avait été demandée déjà il y a plusieurs années par le conseil, le vœu ci-dessus est adopté à l'unanimité et M. Guissou, vice-président, est chargé de transmettre la présente délibération à son collègue des Pyrénées-Orientales. »

Pour copie conforme :
Le vice-président,
Signé : Illisible.

RÉPUBLIQUE FRANÇAISE

PRÉFECTURE D'INDRE-ET-LOIRE

Extrait du registre des procès-verbaux du conseil central d'hygiène du département d'Indre-et-Loire.

SÉANCE DU 20 DÉCEMBRE 1888

Communication d'une lettre adressée par le préfet des Pyrénées-Orientales à son collègue d'Indre-et-Loire en lui transmettant un extrait des délibérations du conseil d'hygiène et de salubrité des Pyrénées-Orientales.

Le conseil d'hygiène des Pyrénées-Orientales a émis le vœu que les pouvoirs publics votent une loi pour rendre la vaccination obligatoire dans les trois premiers mois qui suivent la naissance. Pour que ce vœu ait plus de chances de ne pas rester stérile, le conseil des Pyrénées-Orientales propose de le soumettre à l'approbation de tous les conseils d'hygiène de France.

Tel est le motif de la lettre de M. le préfet des Pyrénées-Orientales.

Le conseil d'hygiène d'Indre-et-Loire donne, à l'unanimité, son adhésion au vœu du conseil des Pyrénées-Orientales.

M. le Dr Meunier propose que la revaccination soit rendue également obligatoire.

Pour extrait conforme :

Le secrétaire général de la préfecture,

Signé : Illisible.

Timbre
de la
préfecture
d'Indre-et-Loire.

RÉPUBLIQUE FRANÇAISE

PRÉFECTURE DE L'ISÈRE

VACCINE OBLIGATOIRE

Vœu du conseil d'hygiène des Pyrénées-Orientales.

*Délibération du conseil central d'hygiène
et de salubrité relative à ce vœu.*

Par cinq voix contre une, le conseil adhère au vœu
du conseil d'hygiène des Pyrénées-Orientales. Un des
membres propose de remplacer le délai de trois mois,
qui y est prévu, par celui de six mois. Cet amendement,
proposé en vue de rendre plus acceptable par le public
l'obligation réclamée, semble au conseil ne pas devoir
atteindre ce résultat et finalement n'est pas adopté.

Pour extrait conforme :

Pour le préfet de l'Isère,

Le conseiller de préfecture délégué,

Signé : Illisible.

Timbre
de la préfecture
de l'Isère.

(*En marge de la circulaire envoyée le 11 décembre 1888, à tous les conseils centraux d'hygiène de
France, au nom de celui des Pyrénées-Orientales, par
M. Lafargue, alors préfet de ce département et président de ce conseil, on lit ce qui suit.*)

Dans sa séance du 11 février courant (1889) le conseil
départemental d'hygiène du Jura a émis le vœu que les

pouvoirs publics votent une loi pour rendre la vaccination obligatoire dans l'année qui suit la naissance.

Le 19 février 1889,

Préfecture
du Jura
République
française.

DÉPARTEMENT DES LANDES

MONT-DE-MARSAN

N'a pas répondu.

RÉPUBLIQUE FRANÇAISE

Préfecture de Loir-et-Cher.

CONSEIL CENTRAL D'HYGIÈNE PUBLIQUE ET DE SALUBRITÉ

DU DÉPARTEMENT DE LOIR-ET-CHER

Séance du 26 décembre 1888.

Par délibération du 13 décembre courant, le conseil central d'hygiène et de salubrité des Pyrénées-Orientales, préoccupé, à juste titre, de l'inefficacité des moyens par lesquels, dans l'état actuel de notre législation, les autorités administratives, s'efforcent de combattre les épidémies très meurtrières de variole, a émis le vœu suivant, qu'il soumet à l'approbation des conseils d'hygiène de toute la France.

« Le conseil central d'hygiène publique et de salu-
« brité des Pyrénées-Orientales, ému de la persistance
« de la variole et de la mortalité qu'elle occasionne,

« appréciant, d'autre part, le bénéfice certain du vaccin,
« émet le vœu que les pouvoirs publics votent une loi
« pour rendre la vaccination obligatoire dans les trois
« premiers mois qui suivent la naissance. »

Le conseil central d'hygiène du Loir-et-Cher, à l'unanimité, déclare s'associer sans réserve au vœu qui précède.

Pour extrait conforme :

Le conseiller de préfecture,

Signé : Illisible.

Timbre
de la préfecture
du
Loir-et-Cher.

PRÉFECTURE

DE LA LOIRE

CONSEIL D'HYGIÈNE PUBLIQUE

ET DE SALUBRITÉ

DU DÉPARTEMENT DE LA LOIRE

RÉPUBLIQUE FRANÇAISE

Saint-Étienne, le 23 janvier 1889.

Extrait des délibérations du conseil central d'hygiène DE LA LOIRE

Séance du 23 janvier 1889.

PRÉSIDENCE DE M. LE DOCTEUR FLEURY

Les membres présents sont : MM. Fleury, vice-président; Guinard, secrétaire; Labully, Depras, Mayençon, Grandjau, Rozet, Baroulier, Tardivi.

Au début de la séance, M. le président saisit le conseil d'une lettre par laquelle M. le préfet des Pyrénées-Orientales soumet à son examen l'expression d'un vœu relatif à la prophylaxie de la variole, émis par le conseil central d'hygiène de son département dans la séance du 13 novembre dernier, et le prie de lui transmettre sa délibération soit qu'il adopte la proposition du conseil d'hygiène des Pyrénées-Orientales dans les termes où elle a été exprimée, soit qu'il juge à propos d'y apporter certaines modifications.

Après une longue discussion, le conseil central de la Loire décide que, tout en approuvant à l'unanimité le principe de la vaccination obligatoire le délai de trois mois dans lequel cette vaccination doit être effectuée, fixée par le conseil des Pyrénées-Orientales, pouvant rencontrer dans la pratique des obstacles qui rendraient difficile l'application de cette mesure par suite de la mauvaise saison, de l'éloignement de certaines localités, etc., il n'y a aucun inconvénient à porter ce délai aux six premiers mois qui suivent la naissance, excepté en temps d'épidémie.

En outre, l'expérience ayant démontré que l'action préservatrice du vaccin pouvait être épuisée dans un délai plus ou moins long, le conseil est d'avis de rendre également obligatoire la revaccination des enfants quand ils auront atteint l'âge de six ans, c'est-à-dire au moment de leur entrée aux écoles primaires.

En conséquence, le conseil central d'hygiène de la Loire décide qu'il adopte en principe le vœu de la vaccination obligatoire émis par le conseil central d'hygiène des Pyrénées-Orientales, mais il est d'avis d'en modifier l'expression dans les termes suivants :

« Le conseil central d'hygiène publique et de salubrité des Pyrénées-Orientales, ému de la persistance de la variole et de la mortalité qu'elle occasionne ; appréciant d'autre part le bénéfice certain du vaccin, émet le vœu que les pouvoirs publics votent une loi qui rende obligatoire : 1º la vaccination dans les six premiers mois qui suivent la naissance ; 2º la revaccination des enfants qui ont atteint l'âge de six ans, c'est-à-dire l'âge de leur entrée à l'école primaire. »

Pour extrait conforme :

Le secrétaire,

Signé : V. GUINARD,

Pour copie conforme :

Saint-Étienne, le 30 janvier 1889.

Pour le préfet,

Le conseiller de préfecture,

Signé : Illisible.

République française
préfecture
de la Loire.

DÉPARTEMENT DE LA HAUTE-LOIRE

LE PUY

N'a pas répondu.

PRÉFECTURE
de la
LOIRE - INFÉRIEURE

Nantes, le 13 février 1889.

Objet :
Vaccination obligatoire.

Monsieur et collègue,

Le 11 décembre dernier vous m'avez adressé un extrait de la délibération du conseil central d'hygiène de votre département qui a émis le vœu suivant : « Le « conseil, ému de la persistance de la variole, etc., émet « le vœu que les pouvoirs publics votent une loi pour « rendre la vaccination obligatoire dans les trois pre- « miers mois qui suivent la naissance. »

J'ai communiqué ce vœu au conseil central d'hygiène de la Loire-Inférieure qui, après en avoir délibéré, a émis l'avis suivant :

1° Vaccination obligatoire dès le premier âge;

2° Revaccination également obligatoire à diverses périodes, de préférence avec du vaccin neuf pris sur des animaux, à l'exclusion de l'emploi des pustules des revaccinés, pour la propagation de la vaccine.

Agréez, monsieur et cher collègue, l'assurance de ma haute considération.

Signé : P. GLAIZE.

A monsieur le préfet des Pyrénées-Orientales.

CONSEIL D'HYGIÈNE
D'ORLÉANS
Extrait du procès-verbal de la séance du 17 juillet 1890.

RAPPORT
DE M. LE Dr PILATE

PRÉFECTURE DU LOIRET

Conseil central d'hygiène d'Orléans.
Extrait du procès-verbal de la séance du 17 juillet 1890.

M. le Dr Pilate présente le rapport suivant :

Au mois de novembre 1888, le conseil central d'hygiène et de salubrité des Pyrénées-Orientales, à l'occasion d'une épidémie de variole qui sévissait dans ce département et en raison de la mortalité causée alors par cette maladie, émettait un vœu tendant à provoquer de la part des pouvoirs publics le vote d'une loi destinée à rendre la vaccination obligatoire dans les trois premiers mois qui suivent la naissance.

Cette assemblée soumit le vœu ainsi exprimé à l'approbation des conseils d'hygiène de toute la France.

C'est ainsi que le conseil du Loiret fut saisi de la question au mois de janvier 1889.

À cette époque, le conseil pensa que l'obligation de la vaccination pour l'admission dans les écoles atteignait le but désiré et ne jugea pas utile le vote d'une loi spéciale. Cette conclusion ne fit pas l'objet d'une délibération inscrite au procès-verbal, aussi ne fut-elle point transmise au conseil des Pyrénées-Orientales.

Il est probable que dans un certain nombre de départements les conseils ne donnèrent pas plus de suite à cette affaire, puisque, de nouveau, le conseil des Pyrénées-Orientales leur adresse une autre circulaire par laquelle il demande de lui faire connaître leur appréciation sur la question.

Il semble naturel que le conseil d'hygiène et de salubrité du Loiret doive baser sa réponse sur les faits qui se passent dans le département par rapport à la vaccine. Or M. l'inspecteur de la médecine cantonale a bien voulu nous renseigner à cet égard. Il résulte de ses recherches que la vaccination ne rencontre chez nous aucune difficulté, et que, si le département du Loiret est classé dans un rang inférieur au point de vue de la proportion des vaccinations, c'est que les rapports de l'Académie de médecine ne tiennent compte que de documents incomplets, ne faisant point mention de toutes les vaccinations faites par les sages-femmes et les médecins qui n'appartiennent pas à la médecine cantonale.

Plusieurs membres du conseil, consultés sur le même point, pensent que, dans le département du Loiret, la vaccination n'a pas besoin d'être rendue obligatoire. Il faut faire remarquer en outre que la vaccination faite dans le jeune âge ne suffit pas pour donner l'immunité pendant toute la vie.

Le vœu émis par le conseil des Pyrénées-Orientales n'atteindrait pas complètement le but désiré si la revaccination n'était pas rendue elle-même obligatoire. Il serait alors difficile d'établir les périodes de la vie où la revaccination devient nécessaire.

D'ailleurs les revaccinations sont souvent demandées par les familles, conseillées par les médecins et sont obligatoires dans un certain nombre de cas, comme pour le service militaire. Ce sont là autant de chances d'extinction de la maladie. Quant aux épidémies de variole que nous avons vues dans le département, elles ont été rares, très peu étendues, de courte durée et peu dangereuses. Pour toutes ces raisons, le département du Loiret semble autant préservé que possible contre la mortalité par variole.

Aussi nous vous proposons d'émettre l'avis suivant :

« Le conseil d'hygiène et de salubrité du Loiret, « tenant compte de l'obligation de la vaccination pour « l'admission dans les écoles, sachant que la vaccina- « tion des enfants ne rencontre dans le département « aucune résistance et que les revaccinations sont très « fréquentes et tendent à le devenir davantage, consi- « dérant que cette pratique a mis le département à « l'abri d'épidémies sérieuses de variole, pense que la « vaccination est suffisamment entrée dans les usages « pour qu'il soit inutile de la rendre obligatoire par « une loi. »

Ces conclusions sont adoptées.

Pour copie conforme ;

Le secrétaire général,
Signé : Illisible.

Département
du Loiret
préfet.

PRÉFECTURE

DU LOT

RÉPUBLIQUE FRANÇAISE

Cahors, le 8 janvier 1889.

Monsieur et cher collègue,

En réponse à votre lettre du 11 décembre dernier, j'ai l'honneur de vous informer que, dans sa séance du 16 novembre 1888, le conseil central d'hygiène de mon département, a émis le vœu que la vaccinatoin soit rendue obligatoire et que les services d'hygiène et de salubrité soient distraits du ministère du commerce pour être rattachés au ministère de l'intérieur, direction de l'assistance publique.

Veuillez agréer, monsieur et cher collègue, l'assurance de ma haute considération.

Le préfet du Lot,
Signé : Illisible.

DÉPARTEMENT DU LOT-ET-GARONNE

AGEN

N'a pas répondu.

RÉPUBLIQUE FRANÇAISE

Mende, le 8 février 1889.

Monsieur et cher collègue,

Par une note que j'ai reçue le 6 février courant, vous avez bien voulu me communiquer une circulaire de M. le vice-président du conseil central d'hygiène de votre département, me rappelant le vœu émis par cette assemblée, demandant que la vaccine fût rendue obligatoire par une disposition législative.

J'ai l'honneur de vous informer que le conseil central d'hygiène de la Lozère ne s'est pas réuni depuis votre première circulaire et qu'il n'a pas eu par conséquent à délibérer sur la question.

Je tiens néanmoins à vous faire connaître, que, dans diverses circonstances, et sans se prononcer d'une manière formelle cette assemblée a exprimé des vœux qui paraissent parfaitement concorder avec celui émis par votre conseil d'hygiène.

Ainsi, dans la séance du 23 mars 1882 le conseil proposait de refuser, dans toutes les écoles, les enfants qui ne seraient pas munis d'un certificat de vaccine.

Le 23 mars 1883, il pria l'administration de rappeler à l'inspecteur d'académie que les enfants ne doivent être admis dans les écoles publiques qu'après avoir été vaccinés.

Le 21 mars 1884, il émit un vœu analogue.

De ces divers votes, on peut bien conclure, sans hésiter, que le conseil d'hygiène et de salubrité de la Lozère s'associe au conseil d'hygiène des Pyrénées-Orientales pour demander que la vaccine soit rendue obligatoire.

Agréez, monsieur et cher collègue, l'assurance de ma haute considération.

Le préfet de la Lozère,

Signé : Ad. JOSIN.

DÉPARTEMENT DE MAINE-ET-LOIRE

ANGERS

N'a pas répondu.

<table><tr><td>PRÉFECTURE
de la
MANCHE</td><td>RÉPUBLIQUE FRANÇAISE

Saint-Lô, le 8 août 1880.</td></tr></table>

Monsieur et cher collègue,

Le 11 décembre 1888, vous m'avez transmis une copie d'une délibération par laquelle le conseil central d'hygiène et de salubrité de votre département a émis le vœu que la vaccination soit rendue obligatoire.

J'ai l'honneur, monsieur et cher collègue, de vous informer que, dans sa séance du 19 juillet dernier le conseil d'hygiène de l'arrondissement de Saint-Lô s'est associé à ce vœu.

Agréez, monsieur et cher collègue, l'assurance de ma haute considération.

Le préfet de la Manche,

Signé : Illisible.

PRÉFECTURE DE LA MARNE
ARRONDISSEMENT DE CHALONS

CONSEIL D'HYGIÈNE ET DE SALUBRITÉ PUBLIQUE

Séance du 29 mars 1889.

Le conseil, régulièrement convoqué, se réunit dans une des salles de la préfecture à quatre heures du soir.

La première question est relative à la vaccination ; le Dr Richard donne au conseil communication d'un vœu émis par le conseil central d'hygiène des Pyrénées-Orientales à propos d'une récente épidémie de variole.

Ce vœu est ainsi formulé : Le conseil central, ému de la persistance de la variole et de la mortalité qu'elle occasionne, appréciant d'autre part le bénéfice certain du vaccin, émet le vœu que les pouvoirs publics votent une loi pour rendre la vaccination obligatoire dans les trois premiers mois qui suivent la naissance.

Le rapporteur fait remarquer que cette obligation, si elle n'est pas inscrite en toutes lettres dans la loi, existe au moins en fait. En effet l'instruction étant obligatoire et les enfants n'étant admis dans les écoles qu'avec un certificat de vaccin, il en résulte que tous aujourd'hui sont vaccinés. Il ajoute que pour lui, tout en s'associant au vœu précédent, il le croit incomplet, et il demande que non-seulement la vaccination, mais la revaccination surtout soit obligatoire.

En conséquence, il complète le vœu précédemment émis en demandant que non-seulement la vaccination, mais encore les revaccinations soient obligatoires et cela vers l'âge de 14 ans.

Le conseil tout entier partage les vues du rapporteur, et son vœu est adopté à l'unanimité.

Pour extrait conforme :

Le conseiller de préfecture,

Signé : Illisible.

Timbre
de la préfecture
de la Marne.

RÉPUBLIQUE FRANÇAISE

PRÉFECTURE DE LA HAUTE-MARNE

Conseil départemental d'hygiène et de salubrité publique.

Séance du 28 juin 1889.

L'an mil huit cent quatre-vingt-neuf, le vingt-huit juin à dix heures du matin, le conseil départemental d'hygiène et de salubrité publique s'est réuni au lieu ordinaire de ses séances, à l'hôtel de la préfecture, sous la présidence de M. Marçais, secrétaire général.

Étaient présents :

MM. Marçais, secrétaire général, président ;

Lestolle, ingénieur en chef des ponts et chaussées, à Chaumont ;

Moissenet, ingénieur en chef des mines, à Chaumont ;

Guillaume, docteur médecin, à Chaumont ;

Trefousse, maire de la ville de Chaumont ;

Renot, pharmacien, à Chaumont ;

Renard, docteur en médecine, à Chaumont.

Vouillemin, pharmacien, à Bourmont ;

Desmouveaux, vétérinaire, à Chaumont ;

Visconté, agent voyer en chef, à Chaumont.

M. le président déclare la séance ouverte et fait connaître que la réunion a pour objet :

1° ....

2° ....

3° Vœu émis par le conseil central d'hygiène des Pyrénées-Orientales, et tendant à ce que la vaccination soit rendue obligatoire.

Le conseil s'associe au vœu formulé par le comité central d'hygiène des Pyrénées-Orientales et, comme lui, émet un vœu pour que les Pouvoirs publics votent une loi pour rendre la vaccination obligatoire dans un délai qui serait déterminé; et dans le cas où une loi n'interviendrait pas, que le Gouvernement exige le certificat de vaccination lors de l'entrée des enfants dans les écoles libres et publiques.

Le conseil demande en outre qu'une copie de la présente délibération soit adressée au comité d'hygiène des Pyrénées-Orientales.

L'ordre du jour étant épuisé, M. le président déclare

la séance close et les membres présents ont signé au registre.

Suivent les signatures.

Pour extrait conforme :

Le conseiller de préfecture,

Signé : Illisible.

Timbre
de la préfecture
de la Haute-Marne

DÉPARTEMENT DE LA MAYENNE

LAVAL

N'a pas répondu.

CONSEIL CENTRAL
d'hygiène publique
et de
salubrité.

RÉPUBLIQUE FRANÇAISE

Préfecture du département de Meurthe-et-Moselle.

Nancy, le 16 février 1889.

Extrait du procès-verbal de la séance du 5 février 1889.

M. Poincaré, directeur du service de la vaccine, appelé à donner son avis au conseil sur le vœu adopté par le conseil d'hygiène et de salubrité des Pyrénées-Orientales, en faveur de la vaccination et de la revaccination obligatoires, et présenté à l'acquiescement de tous les conseils d'hygiène de France, émet un avis favorable à l'obligation.

Cet avis est mis aux voix et adopté à l'unanimité.

Pour extrait conforme :

Le secrétaire du conseil central,

Signé : H. TISSERAND.

Vu :

Le vice-président, signé : PARISOT.

Pour copie conforme :

Le secrétaire général,

Signé : Illisible.

Timbre
de la préfecture
de la
Meurthe-et-Moselle.

DÉPARTEMENT
de la
MEUSE

OBJET :
Vaccination obligatoire.

RÉPUBLIQUE FRANÇAISE

CONSEIL D'HYGIÈNE ET DE SALUBRITÉ

EXTRAIT DU REGISTRE DES DÉLIBÉRATIONS

Séance du 22 mars 1889.

Étaient présents : MM. le préfet de la Meuse, Massé, maire de Bar-le-Duc ; Bala, vice-président ; Micault, secrétaire, Gelly, Geminel, Krick, Legendre et Paquet.

Le conseil d'hygiène des Pyrénées-Orientales, ému de la mortalité considérable causée par la variole, à Perpignan, pendant l'année 1888, demande que tous les conseils d'hygiène réclament le vote d'une loi rendant la vaccination obligatoire.

Le conseil d'hygiène du département de la Meuse a déjà émis, à deux reprises, un vœu semblable, lors de la proposition de loi qui avait pour auteur M. le docteur Liouville, député de la Meuse. Cette proposition n'ayant pas eu de succès il paraît inutile de la renouveler.

D'ailleurs depuis quelques années, dans le département de la Meuse, les médecins et les sages-femmes rivalisent d'activité dans la pratique des vaccinations et des revaccinations, de telle sorte qu'il paraît désormais inutile, au moins pour ce département de modifier la législation actuelle.

Pour extrait conforme :

Bar-le-Duc, le 18 février 1890.

Le secrétaire,

Signé : Dr MICAULT

Conseil
d'hygiène publique
et de salubrité.

Département
de la Meuse.

(Lettre à M. le Dr Massot, à Perpignan.)

Bar-le-Duc, le 11 février 1890.

Mon cher confrère,

C'est par suite d'un oubli de ma part que la délibération du conseil d'hygiène de la Meuse au sujet de votre
vœu sur la revaccination obligatoire ne vous est pas
parvenue.

Le conseil d'hygiène de Bar-le-Duc a émis deux fois
le vœu que la vaccination fût rendue obligatoire. C'était
au moment où le docteur Liouville, député de la Meuse,
avait déposé un projet de loi dans ce but. Ce projet n'a
pas abouti, et il est très probable qu'une nouvelle proposition dans ce sens aurait le même sort.

Depuis ce moment, le conseil a été heureux de constater que, grâce aux efforts du corps médical et aux en-
couragements donnés aux sages-femmes, le nombre des
sujets non vaccinés dans le département est tout à fait
minime et qu'une loi de coercition n'aurait pas plus
d'effet que la loi sur l'obligation de l'enseignement. Il
s'est borné à faire recommander par l'administration
préfectorale de n'admettre dans les écoles que les enfants vaccinés, et, lors de la réception de votre circulaire, il a été d'avis qu'il n'y avait pas lieu de chercher
la solution dans une modification législative, mais qu'il
était préférable de continuer à encourager les vaccinateurs soit pour les premières vaccinations soit pour les
revaccinations.

Veuillez agréer, mon cher confrère, l'assurance de
ma considération la plus distinguée.

Le secrétaire du conseil d'hygiène,

Dr MICAULT.

RÉPUBLIQUE FRANÇAISE

PRÉFECTURE DU MORBIHAN

CONSEIL CENTRAL D'HYGIÈNE

Extrait de la séance du 23 avril 1889.

En l'absence de M. le préfet, le conseil central d'hygiène s'est réuni sous la présidence de M. le docteur Mauricat, doyen d'âge.

La séance a commencé par l'élection d'un vice-président et d'un secrétaire.

. . . .

On passe ensuite à la 2° question : avis à émettre sur le vœu du conseil central d'hygiène des Pyrénées-Orientales demandant la vaccine obligatoire.

Le conseil déclare s'associer au vœu du conseil central des Pyrénées-Orientales et réclame de l'administration et des pouvoirs publics l'application stricte des règlements actuels et notamment des règlements scolaires qui exigent de tout élève la production d'un certificat de vaccination.

Pour extrait conforme :

Le secrétaire général,

Signé : Illisible.

Timbre
de la préfecture
du Morbihan.

RÉPUBLIQUE FRANÇAISE

PRÉFECTURE DE LA NIÈVRE

CONSEIL CENTRAL D'HYGIÈNE

Séance du 17 février 1889.
Extrait.

. . . .

VACCINE OBLIGATOIRE. — Un extrait des délibérations du conseil central d'hygiène et de salubrité des Pyrénées-

Orientales, envoyé par le préfet du département, est communiqué. Il a pour but de solliciter de tous les conseils d'hygiène l'approbation d'un vœu émis dans sa séance du 18 novembre, vœu ainsi formulé : que les pouvoirs publics votent une loi pour rendre la vaccination obligatoire dans les 3 premiers mois qui suivent la naissance.

Le conseil, convaincu des bienfaits de la vaccine, se rallie au vœu émis par le conseil central d'hygiène des Pyrénées-Orientales.

Pour extrait conforme :

Pour le préfet,

Le secrétaire général :

Signé : Illisible.

DÉPARTEMENT

DU NORD

—

Nature de l'affaire :

OBLIGATION DE LA VACCINE

Rapporteur : M. Wannebroucq.
Commission : MM. Pilat, Hallez,
Garez, Wan-
nebroucq.

Rapport au conseil central d'hygiène et de salubrité
DU DÉPARTEMENT DU NORD

SÉANCE DU **21 JANVIER 1889**

Messieurs,

Le conseil central d'hygiène et de salubrité du département des Pyrénées-Orientales s'est montré, dans ces derniers temps, justement préoccupé des ravages produits dans la contrée par une épidémie persistante de variole qui, dans la seule ville de Perpignan, n'a pas causé, en huit mois environ, moins de 100 décès.

Reconnaissant que, malgré le zèle et le dévouement des médecins, malgré les avertissements et les efforts

des autorités, en dépit des mesures prises par les municipalités pour favoriser les vaccinations et les revaccinations, les populations semblent garder vis-à-vis de ces
moyens, pourtant si efficaces, une regrettable indifférence, ce conseil a émis un vœu tendant à ce que les pouvoirs publics votent une loi pour rendre la vaccination
« obligatoire dans les trois premiers mois qui suivent
« la naissance. »

Il s'est en outre rallié unanimement au désir exprimé
par l'un de ses membres, de voir M. le préfet des Pyrénées-
Orientales transmettre la précédente résolution à tous les
conseils centraux d'hygiène de France, afin de provoquer
un mouvement généralisé d'opinion sur cette question
de salubrité et d'amener ainsi plus sûrement les pouvoirs
compétents à édicter les dispositions légales nécessaires.

Conformément à cette dernière décision, M. le préfet
des Pyrénées-Orientales a adressé à son collègue du
Nord le vœu ci-dessus relaté, avec prière de le soumettre
à votre jugement et de réclamer votre bon concours, si
vous y donniez votre approbation.

On ne peut se dissimuler, messieurs, que la variole ne
trouve encore en France une terre hospitalière et n'y
exerce une action funeste qui lui est interdite dans
plusieurs contrées de l'Europe. C'est que la vaccination
n'y est encore que d'un usage facultatif. Elle n'y est
exigée que pour l'entrée dans les écoles. Or, bien des
enfants n'en franchissent pas le seuil, et quant à ceux
qui les fréquentent on sait que le contrôle exercé à leur
égard est souvent illusoire. Tous les médecins qui ont
eu l'occasion de visiter les asiles ouverts à l'enfance ou
les écoles primaires et d'y faire des vérifications *ad hoc*
affirmeront qu'ils ont rencontré une notable proportion
d'enfants ne présentant pas trace d'une vaccine légitime.
La plupart de ces enfants avaient peut-être été vaccinés,

mais le virus vaccinal par telle ou telle raison que nous n'avons pas à rechercher ici, ne s'était pas développé, et les parents avaient plus tard négligé de renouveler l'expérience.

Personne ne doute aujourd'hui de la vertu prophylactique de la vaccine. Toutes les statistiques bien faites montrent que, pour une population donnée, les cas de variole sont en raison inverse des vaccinations qui s'y sont pratiquées et, d'autre part, que là où l'usage de la vaccination est devenu une règle rigoureuse, surtout quand, par surcroît un grand nombre de sujets peuvent être soumis à des revaccinations méthodiques, la variole devient extrêmement rare et presque toujours bénigne.

La vaccination est obligatoire en Bavière depuis 1807 ; en Suède depuis 1816 ; dans le Wurtemberg depuis 1818 ; en Angleterre depuis 1853. L'Allemagne, en 1875, a rendu non-seulement la vaccination obligatoire pour tous les enfants avant la fin de la première année, mais elle impose encore la revaccination de tous les enfants des écoles dans le cours de la douzième année.

Les nations qui ont su adopter ces lois tutélaires n'ont eu qu'à s'en féliciter, car, au milieu des épidémies qui, depuis 20 ans, ont décimé certaines populations, elles ont joui d'une immunité relative, on pourrait même dire d'une préservation complète, à ne considérer que certains groupes d'habitants tels que l'armée, auxquels la pratique des revaccinations peut être appliquée avec rigueur et opportunité.

La France serait d'autant moins excusable de tarder à adopter les mesures de protection inaugurées depuis longtemps par les peuples voisins, que sa population autochtone a une tendance marquée à décroître et que, dans la situation que lui ont faite les événements, la perte annuelle de quelques millions d'hommes valides, qui auraient pu la servir, n'est pas une quantité négligeable. Dans cette cause donc, au mobile humanitaire vient s'ajouter la préoccupation patriotique.

Une loi qui rendrait la vaccine obligatoire pourrait froisser quelques partisans à outrance de la liberté individuelle ou heurter certaines opinions peu éclairées, mais les droits et les sentiments particuliers, si respectables qu'ils soient, doivent fléchir devant l'intérêt général.

Si nous considérons la date à laquelle nous sommes arrivés, le court laps de temps pendant lequel la Chambre des députés actuelle restera encore en fonctions et l'encombrement des projets législatifs qui attendent une délibération, nous devons craindre que la loi, dont nous venons de faire ressortir la nécessité, ne soit pas promulguée avant plusieurs années.

Il serait donc utile, en attendant, de tirer le meilleur parti possible des armes que les lois et règlements existants mettent aux mains des administrations départementales et municipales. Les conseils d'hygiène pourraient peut-être, chacun de leur côté, solliciter ces administrations dans le sens de certaines mesures qui, sans avoir le caractère coercitif et sans présenter toute l'efficacité des répressions légales, n'en auraient pas moins une grande influence sur la propagation des vaccinations et des revaccinations. C'est une question intéressante que le conseil central du Nord se propose d'étudier et qui est dès maintenant à son ordre du jour.

Toutefois, sans différer davantage, nous pensons, messieurs, que vous n'hésiterez pas à vous associer au vœu émis par le conseil central d'hygiène et de salubrité des Pyrénées-Orientales (1). Nous croyons même que vous voudrez compléter ce vœu en ne limitant pas l'obligation aux vaccinations seules, mais en l'étendant aux revaccinations, dont l'utilité n'est plus à démontrer et en astreignant à toutes les prescriptions de la loi les étrangers admis à résider en France.

En conséquence votre commission vous propose d'adresser à M. le préfet du Nord les conclusions suivantes :

Le conseil central d'hygiène du Nord :

1° Comme celui des Pyrénées-Orientales qui l'y a invité, émet le vœu qu'une loi rende la vaccination des enfants, sans distinction de nationalité, obligatoire dans les trois premiers mois qui suivent la naissance.

(Ce délai pourrait avec avantage être porté à six mois).

2° Il joint à ce vœu celui que la même loi impose l'obligation de revaccinations à une ou à plusieurs autres époques de la vie, tout au moins, à l'âge de 12 ans. Les jeunes gens revaccinés avec succès recevraient seuls une attestation légale.

3° Il voudrait, en outre, que la demande d'un permis de séjour de la part des étrangers, ou même leur déclaration de résidence ne fût accueillie qu'autant qu'ils justifieraient d'une bonne vaccination.

Signé : WANNEBROUCQ.

Après discussion de ce rapport le conseil en a adopté les conclusions.

Pour copie conforme :
Le vice-président,
L. FAUCHER.

(1) Nous rappellerons que M. le Dr Pilat a, cette année même, émis au sein du comité central de vaccine, un vœu tendant à ce que la vaccine fût rendue légalement obligatoire. Ce vœu, accueilli par l'unanimité du comité, a été envoyé par l'intermédiaire de M. le préfet au conseil général du Nord.

ARRONDISSEMENT
de
BEAUVAIS

CONSEIL D'HYGIÈNE

Vaccination obligatoire.

RÉPUBLIQUE FRANÇAISE

PRÉFECTURE DU DÉPARTEMENT DE L'OISE

Beauvais, le 25 octobre 1889.

SÉANCE DU 16 OCTOBRE 1889.

Le conseil s'associe au vœu émis par le conseil central des Pyrénées-Orientales et invite l'administration à tenir la main à ce que la loi sur la revaccination dans les écoles, soit appliquée.

Beauvais, le 30 octobre 1889.

Pour extrait conforme :

Le secrétaire général,

Pour le préfet,

Le conseiller de préfecture délégué,

Signé : Illisible.

Timbre
de la préfecture
de l'Oise.

ALGÉRIE

PRÉFECTURE D'ORAN

Oran, le 20 décembre 1888.

Monsieur et cher collègue,

Par lettre du 11 courant, vous m'avez transmis un vœu du conseil central d'hygiène et de salubrité des Pyrénées-Orientales demandant que la vaccination soit rendue obligatoire, et vous m'avez en même temps, prié de communiquer ce vœu au conseil central d'hygiène et de salubrité du département d'Oran afin que cette assemblée pût s'y associer.

En réponse, j'ai l'honneur de vous faire connaître que, sur une demande émanant de la mairie d'Oran le conseil départemental d'hygiène et de salubrité publique a, dans sa séance du 26 novembre dernier, émis un vœu tendant à ce que la vaccine soit rendue obligatoire en Algérie.

J'ai aussitôt transmis ce vœu à M. le gouverneur général en priant ce haut fonctionnaire de vouloir bien provoquer de l'autorité législative une décision qui le sanctionnât.

Agréez, monsieur et cher collègue l'assurance de ma haute considération.

Le préfet,
Signé : Illisible.

DÉPARTEMENT DE L'ORNE

ALENÇON

N'a pas répondu.

RÉPUBLIQUE FRANÇAISE

PRÉFECTURE DU PAS-DE-CALAIS

Conseil départemental d'hygiène publique et de salubrité.

Séance du 23 janvier 1889.

EXTRAIT DU PROCÈS-VERBAL

ÉPIDÉMIES DE VARIOLE. — M. le préfet donne au conseil communication d'un vœu émis par le conseil central d'hygiène publique et de salubrité des Pyrénées-

Orientales tendant à ce que la vaccination soit rendue obligatoire.

Le conseil émet un avis favorable à cette proposition, et verrait, avec plaisir le service de la vaccination gratuite fonctionner dans toutes les communes du département.

Le secrétaire,   Le président,
Signé : LECLERCQ.   Signé : Illisible.
Pour extrait conforme :
Le secrétaire général,
Signé : Illisible.

DÉPARTEMENT DU PUY-DE-DOME

CLERMOND-FERRAND

N'a pas répondu.

DÉPARTEMENT DES BASSES-PYRÉNÉES

PAU

N'a pas répondu.

PRÉFECTURE   RÉPUBLIQUE FRANÇAISE

DES HAUTES-PYRÉNÉES   *Extrait du registre des délibérations du conseil d'hygiène de l'arrondissement de Tarbes.*

SÉANCE DU 13 MAI 1890

5. Circulaire du conseil central d'hygiène des Pyrénées-Orientales tendant à ce que les pouvoirs publics votent une loi pour rendre la vaccination obligatoire dans les trois premiers mois qui suivent la naissance.

Le conseil donne un avis favorable à la proposition du conseil central d'hygiène des Pyrénées-Orientales, tendant à rendre la vaccination obligatoire.

Il prie M. le préfet de transmettre au conseil d'hygiène des Pyrénées-Orientales ses remerciements pour la propagande qu'il fait en faveur de la vaccination.

Pour extrait conforme :

Le secrétaire général,

Signé : Illisible.

Timbre
de la préfecture
des
Hautes-Pyrénées.

DÉPARTEMENT DES PYRÉNÉES-ORIENTALES

Ce conseil central d'hygiène est l'auteur du vœu sur la vaccination obligatoire.

DÉPARTEMENT
du
RHONE

ARRONDISSEMENT
et
VILLE DE LYON

RAPPORT

PRÉFECTURE DU RHONE

Conseil d'hygiène publique et de salubrité de l'arrondissement de Lyon.

Messieurs,

Vous avez, dans votre séance dernière, reçu communication, par l'intermédiaire de M. le préfet, du vœu suivant émis par le conseil d'hygiène publique et de salubrité des Pyrénées-Orientales :

Le conseil, ému de la persistance de la variole et de la mortalité qu'elle occasionne, appréciant d'autre part le bénéfice certain du vaccin, émet le vœu que les pouvoirs publics votent une loi pour rendre la vaccination obligatoire dans les trois premiers mois qui suivent la naissance.

Appréciant l'importance de la question soumise à vos

délibérations vous avez chargé une commission composée de MM. Galber, Bard, Lacassagne, et Lépine d'en faire l'objet d'un rapport.

En conséquence, la commission s'est réunie et, à l'unanimité, elle vous propose de répondre à M. le préfet que le conseil ne peut que s'associer au vœu d'une importance si considérable formulé par le conseil d'hygiène des Pyrénées-Orientales, avec la restriction toutefois que la vaccination ne serait obligatoire que dans l'année qui suit la naissance et non dans les trois premiers mois. Il me semble, en effet, peu pratique de rendre exigible une disposition qui, par la nature des choses, ne sera pas exécutable dans le plus grand nombre des départements, les médecins vaccinateurs ne faisant le plus souvent qu'une tournée par an, et rarement deux fois par année. D'ailleurs, en égard au peu d'aptitude des très jeunes enfants à contracter la variole, la prescription que nous proposons de soumettre à M. le préfet sauvegarde suffisamment les enfants ; et, si elle est rigoureusement appliquée, suffira sans doute pour diminuer de beaucoup les ravages que fait encore la variole dans notre pays. Il convient d'ailleurs de remarquer qu'il est nécessaire qu'il y ait deux tournées de médecin vaccinateur par an pour que tous les enfants au-dessous d'un an aient le bénéfice de la vaccination.

Lyon, le 7 février 1889.

Signé : A. Lépine.

Les conclusions sont adoptées.

Le président,   Le secrétaire,
Signé : ROLLET.   Signé : LACASSAGNE.

Pour copie conforme :

Le conseiller de préfecture,
Signé : Illisible.

Timbre
de la préfecture
du Rhône.

(Au verso de la circulaire envoyée au nom du conseil central d'hygiène et de salubrité des Pyrénées-Orientales, par le Dr J. Massol, en date du 6 janvier 1890, on lit la réponse suivante envoyée par le conseil central d'hygiène de la Saône-et-Loire).

J'adhère pleinement au vœu du conseil d'hygiène des Pyrénées-Orientales touchant la vaccination obligatoire qui donne les plus heureux résultats dans tous les pays qui l'ont adoptée.

        Signé : Dr L. THÉNOT, Dr A. AUBERT.

    Illisible,
    pharmacien de 1re classe,
    secrétaire du conseil d'hygiène.

PRÉFECTURE
de la
Haute-Saône.

Vesoul, le 13 mars 1890.

VACCINATION DES ENFANTS

Monsieur le docteur,

En réponse à votre lettre du 6 janvier dernier, relative au vœu émis par le conseil central d'hygiène et de salubrité des Pyrénées-Orientales au sujet de l'obligation légale de la vaccination des enfants dans les trois mois qui suivent leur naissance, j'ai l'honneur de vous informer que j'ai soumis cette question au conseil d'hygiène de l'arrondissement de Vesoul dans mon département.

Cette assemblée, dans sa séance du 17 février dernier, a fait connaître qu'elle ne pouvait s'associer au vœu exprimé par ses collègues des Pyrénées-Orientales, par la raison que, d'après elle, il n'y a pas lieu de rendre la vaccination obligatoire.

Agréez, monsieur le docteur, l'assurance de ma considération la plus distinguée.

Pour le préfet :

Le secrétaire général délégué,

Signé : Illisible.

PRÉFECTURE

DE LA SARTHE

—

Conseil d'hygiène publique
et de salubrité de la Sarthe.

RÉPUBLIQUE FRANÇAISE
—

Extrait du procès-verbal de la séance du 19 janvier 1889.

L'an mil huit cent quatre-vingt-neuf, le 19 janvier, le conseil départemental d'hygiène publique et de salubrité du département de la Sarthe s'est réuni à deux heures du soir à l'hôtel de la préfecture, dans la salle habituelle de ses séances, sous la présidence de M. Etoc Demazy, vice-président; Lejeune, Rocher, Sitger, Mordret, Goutaie, Perrin, Cheminais, Guellier et Brûlé, secrétaire.

Absents et excusés : MM. Kubillard, Loiret, Garnier et Mourlon.

. . . .

M. Brûlé, secrétaire, donne lecture d'une lettre de M. le préfet des Pyrénées-Orientales et d'un extrait du procès-verbal de la séance du 13 novembre 1888 du conseil central de ce département, exprimant le vœu que la vaccination fût rendue obligatoire par une loi, dans les trois premiers mois de la naissance.

Le conseil, après discussion, tout en adoptant le principe, estime qu'il y a lieu de formuler ainsi le vœu :

Obtenir des pouvoirs publics une loi rendant : 1° la vaccination obligatoire dans la première année de la naissance, et 2º la revaccination également obligatoire dans la treizième année.

M. Perrin rappelle que, dans la séance du 16 juillet 1887, le conseil avait émis le vœu qu'une circulaire fût adressée dans ce sens à tous les conseils d'hygiène des autres départements.

L'ordre du jour étant épuisé et personne ne demandant la parole, la séance est levée à 3 heures 45.

Le vice-président,   *Le secrétaire,*

Signé : Etoc DEMAZY.   Signé : A. BRULÉ.

Pour copie conforme :

Le conseiller de préfecture,

Signé : Illisible.

Timbre
de la préfecture
de la Sarthe.

PRÉFECTURE
de la
SAVOIE

Objet :
Avis favorable sur un vœu du conseil d'hygiène des Pyrénées-Orientales concernant la vaccine obligatoire avec une réserve.

Extrait du registre des délibérations du conseil d'hygiène publique et de salubrité du département de la Savoie.

SÉANCE DU 4 FÉVRIER 1889.

Présidence de M. le Dr JARRIN.

Le conseil central d'hygiène publique et de salubrité des Pyrénées-Orientales, ému de la persistance de la variole et de la mortalité qu'elle occasionne, appréciant, d'autre part, le bénéfice certain du vaccin, émet le vœu que les pouvoirs publics votent une loi pour rendre la vaccination obligatoire dans les trois premiers mois qui suivent la naissance.

Le conseil d'hygiène de la Savoie, appelé à s'associer à ce vœu, ne le fait pas sans une modification dans le texte et une longue discussion. Parmi ses membres les uns sont opposés au principe même de l'obligation et ne veulent arriver à la vaccination universelle que par la persuasion et les moyens moraux, et puis le principe de l'obligation une fois admis il faudrait arriver à forcer la revaccination tous les 14 ans, s'il est vrai qu'au bout de ce temps, l'effet de la vaccine, soit épuisé. Un membre, témoin des inconvénients et de certains insuccès de la vaccine, va jusqu'à contester son efficacité. Un autre membre n'adopterait l'obligation que dans les cas d'épidémie. Tous les membres présents trouvent que l'obligation de trois mois exprimée dans le vœu est trop courte et trop rigoureuse.

Au vote, le vœu du conseil d'hygiène des Pyrénées-Orientales n'est pas adopté dans son intégralité. Il n'est voté, à la majorité des voix, qu'avec la restriction que l'on porte à un an le délai pour satisfaire l'obligation.

. . . .

Le secrétaire,   *Le président,*

Signé : BEBERT.   Signé : JARRIN.

Pour extrait conforme :

Le conseiller de préfecture.

Signé : Illisible.

Sceau :
Préfecture de la
Savoie
République française.

DÉPARTEMENT DE LA HAUTE-SAVOIE

ANNECY

N'a pas répondu.

DÉPARTEMENT DE SEINE-ET-MARNE

MELUN

N'a pas répondu.

DÉPARTEMENT
de la
SEINE-INFÉRIEURE

CONSEIL D'HYGIÈNE PUBLIQUE
ET DE SALUBRITÉ

Du registre des délibérations du conseil central d'hygiène et de salubrité du département de la Seine-Inférieure est extrait le compte rendu suivant, adopté dans sa séance du 8 janvier 1889.

. . . .

La discussion est ouverte sur le vœu émis par le conseil des Pyrénées-Orientales pour rendre la vaccination obligatoire dans les trois premiers mois qui suivent la naissance.

M. Laurent trouve trop courte la période de 3 mois; il voudrait au moins 6 mois. C'est dans les trois premiers mois, en effet, que se révèlent les manifestations syphilitiques; vers 5 et 6 mois le sujet vaccinifère a plus de chances d'être indemne.

M. Philippe dit qu'on ne saurait vacciner trop tôt, et il cite le cas d'une enfant en nourrice, qui, faute d'avoir été vaccinée, fut atteinte de variole et est aujourd'hui défigurée. Elle eût pu en mourir.

M. Cerné est de cet avis. Je ne vois pas, dit-il, quelles objections on peut faire à la vaccination hâtive. Nous sommes tous d'accord sur la nécessité de la vaccine, et nous ne savons que trop que la variole enlève encore des centaines de victimes. Dès lors, n'est-il pas rationnel de l'enrayer au début de la vie? Et puis quel âge exiger pour le vaccinifère? Ne sait-on pas que la syphilis tardive peut ne se révéler qu'à 4, 5 ans, et plus? Faudra-t-il attendre indéfiniment? Que si l'on craint d'ailleurs la contagion syphilitique, qu'on change le mode de procéder! La vaccination animale n'offre pas les mêmes dangers. Du reste M. Cerné ne croit pas beaucoup à la contagion syphilitique par le vaccin, et s'il en existe des cas, ils sont bien rares.

MM. Pennetier et Deshayes partagent cette opinion, même sur un sujet en puissance de syphilis, si les vaccinations sont bien faites, avec la lymphe seule, et non avec le sang, la contagion est tout à fait exceptionnelle.

M. Guillemin objecte que le vœu à émettre comporte deux points différents : 1° l'âge auquel on doit vacciner, 2° l'obligation imposée aux parents, c'est-à-dire la vaccine obligatoire.

Il conviendrait donc d'attendre qu'une loi ait rendu la vaccine obligatoire.

M. Cerné : Cette loi nous l'appelons vivement, car partout où elle fonctionne, comme en Prusse et en Allemagne la variole a disparu ou à peu près.

On procède au vote séparément sur les deux questions et, à l'unanimité, le conseil central de la Seine-Inférieure, d'accord avec le conseil des Pyrénées-Orientales, émet le vœu que les pouvoirs publics votent une loi pour rendre la vaccination obligatoire dans les trois premiers mois qui suivent la naissance.

Pour extrait conforme :

Le secrétaire général,

Signé : Illisible.

Sceau.
République Française.
Préfecture
de la
Seine-Inférieure.

DÉPARTEMENT de la SOMME

AMIENS

N'a pas répondu.

RÉPUBLIQUE FRANÇAISE

Préfecture du département de Seine - et - Oise.

CONSEIL DÉPARTEMENTAL D'HYGIÈNE

POLICE SANITAIRE

Séance du 30 Janvier 1889.

Vaccination obligatoire.

Extrait du procès-verbal.

M. le préfet a communiqué au conseil le vœu suivant, émis par le conseil central des Pyrénées-Orientales :

« Le conseil central d'hygiène des Pyrénées-Orienta-
« les, ému de la persistance de la variole et de la mor-
« talité qu'elle occasionne, appréciant, d'autre part, le
« bénéfice certain du vaccin, émet le vœu que les pou-
« voirs publics votent une loi pour rendre la vaccination
« obligatoire dans les trois premiers mois qui suivent
« la naissance. »

Le conseil propose, en outre, que ce vœu soit soumis
à l'approbation des conseils centraux d'hygiène de
toute la France.

Le conseil central de Seine-et-Oise s'est toujours
préoccupé de la propagation de la vaccine. Ainsi, dans
la séance du 11 avril 1888, il s'est associé au vœu présenté par le docteur Fourmestraux, que les enfants
soient soumis à une revaccination à leur entrée et à la

sortie de l'école, en outre, dans la séance du 27 juin de la même année, il a insisté, à la suite de la lecture du rapport du docteur Paris sur les épidémies de 1887, pour que l'on étudie les moyens de rendre les vaccinations plus nombreuses et plus faciles.

Il approuve donc complètement l'initiative prise par le conseil central des Pyrénées-Orientales, et appuie, à l'unanimité, sa proposition dans les termes où elle est formulée.

Le secrétaire,

Signé : A. BELIN.

Pour extrait :

Le conseiller de préfecture délégué,

Signé : Illisible.

Sceau.
Département
de Seine-et-Oise.
Préfecture.

DÉPARTEMENT DU TARN-ET-GARONNE

MONTAUBAN

N'a pas répondu.

RÉPUBLIQUE FRANÇAISE

PRÉFECTURE DU DÉPARTEMENT DU TARN

CONSEIL CENTRAL D'HYGIÈNE DU TARN

Extrait du procès-verbal de la séance du 24 janvier 1889.

. . . .

VACCINATION OBLIGATOIRE. — M. le Dʳ Lalagade donne lecture de son rapport sur le vœu du conseil

d'hygiène des Pyrénées-Orientales, relatif à la vaccination obligatoire.

M. le Dr Guy votera le vœu à la condition toutefois
que les vaccinations seront faites dans de bonnes conditions, qu'on ne les laissera pas faire à des sages-femmes
qui, dans certains jours de presse, peuvent avoir à
pratiquer de 80 à 150 vaccinations et qu'on ne confiera
à l'avenir cette opération, fort simple mais très délicate,
qu'à des personnes expérimentées, prudentes et capa-
bles.

M. Salinier fait plusieurs citations sur la possibilité
de transmettre certaines maladies par le virus vaccin.
L'une d'elles, appartenant à M. Toussaint, est rapportée
dans une leçon faite à l'hôpital Tenon par M. Strauss,
professeur agrégé. « Avec le vaccin, dit-il, recueilli sur
« une belle pustule d'un enfant en bonne santé et pro-
« venant de parents robustes, j'ai fait à une vache
« tuberculeuse sept piqûres autour de la vulve. Quelques
« jours après les pustules se montrèrent en nombre
« égal à celui des inoculations. Le 7e et le 8e jour, ces
« pustules étant ombiliquées, j'inoculai la sérosité à
« quatre lapins et à un porc. Deux lapins tués deux
« mois après ont montré toutes les lésions de la tuber-
« culose : tubercule local ganglionnaire et tubercules
« pulmonaires. Le porc présente en ce moment un
« tubercule local bien développé; il ne sera tué que
« plus tard; mais il est certain qu'actuellement déjà il
« y a généralisation et qu'il est tuberculeux. »

Au moment où la vaccination peut devenir obligatoire
et avec les tendances actuelles qui sont de faire passer
le vaccin par les animaux d'espèce bovine, il est
nécessaire de bien choisir les sujets qui devront être
les producteurs du vaccin.

M. Salinier cite en outre le système employé en

Belgique, rapporté par M. Degèze, qui est le suivant :
Quand on a recueilli le vaccin sur le veau, l'animal est
sacrifié et autopsié. Le vaccin n'est employé que si
l'animal est entièrement sain.

M. le préfet, pour faire ressortir les grands avanta-
ges de la vaccine obligatoire, telle qu'elle est pratiquée
en Angleterre et en Allemagne, dit que pendant son
séjour au Hâvre, il a vu un savant étranger, qui lui a
été présenté par le Dr Gibert, qui était venu dans la
localité pour y étudier la variole parce qu'il n'avait
jamais eu occasion d'en observer chez lui.

Les conclusions du rapport sont mises aux voix.

Le vœu émis pour la vaccination obligatoire est
adopté par 8 voix, contre 3 abstentions.

Le vœu pour la revaccination obligatoire est repoussé.

Le vote se répartit de la manière suivante : 4 voix
pour l'adoption, 3 voix contre et 4 abstentions........

Pour extrait conforme :

Le secrétaire général,

Signé : Illisible.

Sceau.
Tarn
préfet.

DÉPARTEMENT DE LA VENDÉE

LA ROCHE-SUR-YON

N'a pas répondu.

RÉPUBLIQUE FRANÇAISE

PRÉFECTURE DU DÉPARTEMENT DU VAR

Conseil d'hygiène de l'arrondissement de Draguignan.

SÉANCE DU 9 JANVIER 1889.

Présidence de M. le Dr COULOMB, vice-président.

. . . .

Membres présents : MM. Imbert, Truc, Michel Dufré
Bernard, Clavier, Dr Balp, Boyer, Lavagne, Coulomb
et Doze.

Il est ensuite donné lecture d'un extrait des délibérations du conseil central d'hygiène et de salubrité des
Pyrénées-Orientales et notamment du passage suivant :

La ville a fait vacciner, mais en somme, les vaccinations et les revaccinations se font en nombre très in-
suffisant et l'épidémie persiste. Sur 800 décès qu'il y a
dans la ville de Perpignan, depuis le commencement
de l'année, 106 sont dus à la variole. On sait cependant
que les pays où la vaccination est obligatoire n'ont
pas de mortalité par variole, il rappelle, comme exemple
Londres et la Prusse. Il propose donc au conseil
d'émettre le vœu suivant :

« Le conseil central d'hygiène publique et de salubrité des Pyrénées-Orientales, ému de la persistance de
la variole et de la mortalité qu'elle occasionne, appréciant d'autre part le bénéfice certain du vaccin, émet le
vœu que les pouvoirs publics votent une loi pour
rendre la vaccination obligatoire dans les trois premiers
mois qui suivent la naissance.

« M. Massot s'associe à ce vœu, mais il craint qu'il
soit inefficace. C'est le sort commun de toutes les pro-

7

positions isolées, quelque légitimes et nécessaires qu'elles soient. Afin qu'il n'en soit pas ainsi dans le cas actuel, il propose de créer une agitation sur cette importante question. M. le préfet pourrait, par exemple, soumettre le vœu en question à l'approbation des conseils centraux d'hygiène de toute la France, puis il centraliserait toutes les réponses, et, comme elles seraient certainement conformes à la décision que nous venons de prendre, notre opinion aurait sans doute alors auprès des pouvoirs publics une force irrésistible. »

Le conseil d'hygiène et de salubrité de l'arrondissement de Draguignan, entrant dans ces vues et pénétré de l'importance capitale de la vaccination, s'associe à l'unanimité de ses membres au vœu précédent.

L'ordre du jour étant épuisé la séance est levée.

Le président,   *Le secrétaire,*

Signé : Dr COULOMB.   Signé : Ch. DOZE, docteur.

Pour extrait conforme :

Le secrétaire général.

Signé : Illisible.

Timbre
de la préfecture
du Var.

PRÉFECTURE   RÉPUBLIQUE FRANÇAISE

de   *Conseil d'hygiène et de salubrité.*

VAUCLUSE   SÉANCE DU 21 DÉCEMBRE 1888.

Présents : MM. Pamard, vice-président, Arnaud de Fabre, Carre, Campagne, Bouvier, Dumas, Hippolyte, Pernod, Monier, Reguis, Sorbière, Taulier, Verdet et Rouvière, secrétaire.

. . . .

M. le secrétaire donne lecture d'une délibération

prise par le conseil d'hygiène et de salubrité publique
du département des Pyrénées-Orientales, tendant à ce
que la vaccination soit rendue obligatoire en France
dans les trois mois de la naissance, et d'une lettre circulaire de M. le préfet de ce département demandant au
conseil d'hygiène et de salubrité publique de Vaucluse
de vouloir bien s'associer à ce vœu.

M. Arnaud de Fabre dit qu'il s'associera volontiers à
la proposition de vœu si le conseil indique que la vaccination obligatoire aura lieu avec du vaccin animal et
non pas avec du vaccin humain : bien des personnes
ont, en effet, une répugnance marquée pour ce dernier
vaccin dont l'emploi n'est pas toujours exempt de tout
danger.

M. Taulier répond que les accidents ne sont point à
craindre lorsqu'on prend les précautions nécessaires.
Il ne s'oppose pas d'ailleurs à l'adoption du vœu.

M. Campagne estime que le délai de trois mois fixé
pour la vaccination obligatoire des nouveau-nés lui
paraît trop court et il propose au conseil de demander
un délai de six mois.

Le conseil, adoptant les modifications proposées par
MM. Arnaud de Fabre et Campagne, s'associe au vœu
dont le conseil central d'hygiène publique et de salubrité des Pyrénées-Orientales a pris l'initiative et
demande que les pouvoirs publics votent une loi rendant
la vaccination obligatoire par le vaccin animal à l'exclusion du vaccin humain dans les six mois qui suivent
la naissance.

Pour copie conforme :

Le conseiller de préfecture.

Signé : Illisible.

RÉPUBLIQUE FRANÇAISE

PRÉFECTURE de la VIENNE

Extrait des délibérations du conseil central d'hygiène et de salubrité du département de la Vienne.

SÉANCE DU 14 DÉCEMBRE 1888.

M. le président donne connaissance d'une lettre de M. le préfet des Pyrénées-Orientales invitant notre conseil à s'associer au vœu du conseil central d'hygiène de son département demandant aux pouvoirs publics de voter une loi pour *rendre la vaccination obligatoire dans les trois premiers mois qui suivent la naissance.*

Un vœu analogue est formulé à la suite du remarquable rapport de M. le docteur Pilat, médecin des épidémies de l'arrondissement de Lille (Nord), dont M. le secrétaire donne lecture au conseil.

Après un échange d'observations entre divers membres, le conseil adopte le vœu suivant. Il y a lieu de demander au Gouvernement de rendre la vaccine et la revaccination obligatoires dans toute l'étendue de la France, comme elles le sont en Angleterre et en Allemagne depuis plusieurs années.

Pour extrait conforme :

Le secrétaire général,

Signé : Illisible.

Timbre
de la préfecture
de la
Vienne.

PRÉFECTURE
de la
HAUTE-VIENNE
—
Vœu concernant
la vaccination obligatoire.

RÉPUBLIQUE FRANÇAISE

Extrait du registre des procès-verbaux des délibérations du conseil d'hygiène et de salubrité publique de l'arrondissement de Limoges.

Séance du seize février mil huit cent quatre-vingt-neuf.
Présidence de M. ASTAIX, vice-président.

Le secrétaire donne communication d'un extrait des délibérations du conseil central d'hygiène et de salubrité des Pyrénées-Orientales (séance du 13 novembre 1888), qui a été transmis de préfet à préfet et que M. le préfet de la Haute-Vienne a fait remettre au conseil central de ce département.

Le conseil d'hygiène des Pyrénées-Orientales demande que les conseils centraux d'hygiène de France s'associent au vœu qu'il a émis tendant à obtenir des pouvoirs publics le vote d'une loi qui rende obligatoire la vaccination dans les trois premiers mois qui suivent la naissance.

Le conseil central d'hygiène de la Haute-Vienne, à l'unanimité des membres présents, s'associe à ce vœu.

Pour extrait conforme :

Le secrétaire général,

Signé : Illisible.

Timbre
de la Préfecture
de la
Haute-Vienne.

PRÉFECTURE

DES VOSGES

—

RÉPUBLIQUE FRANÇAISE

CONSEIL CENTRAL
d'Hygiène publique et de Salubrité des Vosges,

SÉANCE DU **28 MARS** 1889

. . . .

Il est donné lecture d'une lettre adressée par M. le préfet des Pyrénées-Orientales à M. le préfet des Vosges, le priant de porter à la connaissance des membres des conseils d'hygiène le vœu suivant émis par le conseil central d'hygiène de son département.

« Le conseil central d'hygiène publique et de salubrité des Pyrénées-Orientales, ému de la persistance de la variole et de la mortalité qu'elle occasionne, appréciant d'autre part, le bénéfice certain du vaccin, émet le vœu que les pouvoirs publics votent une loi pour rendre la vaccination obligatoire dans les trois premiers mois qui suivent la naissance. »

Le conseil central des Vosges, partageant complètement la manière de voir du conseil central d'hygiène des Pyrénées-Orientales à l'égard de l'obligation de la vaccine, approuve le vœu qu'il a émis dans sa séance du 13 novembre 1888 et souhaite que sa réalisation ait lieu le plus tôt possible.

. . . .

Le secrétaire du conseil central d'hygiène des Vosges,

Signé : GEBHART.

Pour extrait conforme :

Le conseiller de préfecture faisant fonctions de secrétaire général,

Signé : Illisible.

Timbre.
RépubliqueFrançaise.
Préfecture
des Vosges.

DÉPARTEMENT DE L'YONNE

AUXERRE

N'a pas répondu.

RÉPUBLIQUE FRANÇAISE

PRÉFECTURE DU DÉPARTEMENT DE MAINE-ET-LOIRE

Conseil départemental d'hygiène et de salubrité de Maine-et-Loire.

VACCINATION OBLIGATOIRE

Le 13 novembre 1888, le conseil central d'hygiène et de salubrité des Pyrénées-Orientales émettait le vœu que les pouvoirs publics votassent une loi pour rendre la vaccination obligatoire dans les trois premiers mois qui suivent la naissance.

Ce conseil, pour donner plus de force à son vœu, décidait de le soumettre à l'approbation de tous les conseils d'hygiène de France. C'est ainsi que nous avons à formuler notre avis sur ce sujet, récemment l'objet des discussions de l'Académie de médecine.

Comme la majorité de cette assemblée, votre commission est favorable à la vaccination obligatoire et même à la revaccination, et sans rechercher ici les moyens de rendre cette loi aussi peu vexatoire que possible, elle s'associe entièrement à un vœu qui est appelé à faire disparaître complètement de notre pays une des maladies les plus redoutables.

Angers, le 6 mars 1891.

Le rapporteur,

Signé : D. JAGOT.

Le conseil a adopté ce rapport dans sa séance du 7 mars 1891.

Le secrétaire,

Signé : Em. LIEUTAUD.

Pour copie conforme :

Le secrétaire général de Maine-et-Loire,

Signé : Illisible.

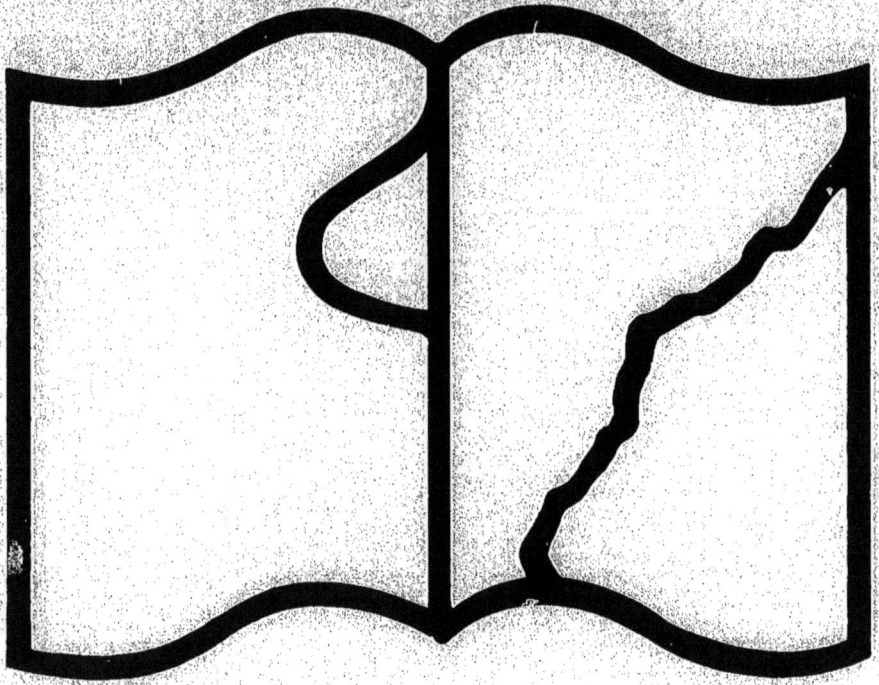

Texte détérioré — reliure défectueuse

NF Z 43-120-11